西南大学应用经济学一级学科博士点建设系列丛书（第一辑）

重庆市社会科学规划项目（2017YBJJ034）、中央高校基本科研业务费专项资金资助项目（SWU1809227，SWU1709119）资助

中国能源利用效率的影响因素研究

——基于生产与生活的视角

李玉婷 ◎ 著

中国财经出版传媒集团

中国财政经济出版社

图书在版编目（CIP）数据

中国能源利用效率的影响因素研究：基于生产与生活的视角/李玉婷著.—北京：中国财政经济出版社，2018.3
（西南大学应用经济学一级学科博士点建设系列丛书.第一辑）
ISBN 978－7－5095－8102－5

Ⅰ.①中… Ⅱ.①李… Ⅲ.①能源利用率－影响因素－研究－中国 Ⅳ.①F426.2

中国版本图书馆 CIP 数据核字（2018）第 044331 号

责任编辑：孙　琛　　　　　　责任校对：杨瑞琦

中国财政经济出版社 出版

URL：http：//ckfz.cfeph.cn
E－mail：cfeph@cfeph.cn
（版权所有　翻印必究）
社址：北京市海淀区阜成路甲 28 号　邮政编码：100142
营销中心电话：010－88191537
天猫网店：中国财政经济出版社旗舰店
网址：https://zgczjjcbs.tmall.com
北京财经印刷厂印刷　各地新华书店经销
880×1230 毫米　32 开　7.625 印张　180 000 字
2018 年 6 月第 1 版　2018 年 6 月北京第 1 次印刷
定价：42.00 元
ISBN 978－7－5095－8102－5
（图书出现印装问题，本社负责调换）
本社质量投诉电话：010－88190744
打击盗版举报热线：010－88191661　　QQ：2242791300

前 言

提高能源利用效率是实现能源—经济—环境协调发展的重要途径。目前，国内学界对能源利用效率的研究，主要集中在能源效率水平的测算、能源效率的区域差异、能源效率变动的原因以及能源效率变动的趋势等方面。从消费视角来研究提高能源利用效率的文献尚不多见。消费多少能源与能源效率的改进取决于能源消费主体的行为，例如，企业是否会对能源投入进行管理，是否会采用新的节能技术，以及消费者是否会购买新的节能产品。从生产与生活的视角研究中国能源利用效率的影响因素具有重大的理论意义和现实意义。本书围绕生产和生活两大部门的能源消费主体的行为特征，对生产性和生活性能源消费主体的能源行为、影响因素的差异以及阻碍能源利用效率提高的因素进行了理论与实证分析，最后从激励消费主体节能行为的角度提出政策建议。

本书首先通过对国内外、生产和生活部门、地区部门等不同层次的比较评价了我国的能源利用效率，并对 1980~2015 年期间不同时期中国能源强度的变动进行了因素分解，推导并构建了基于地区终端能耗部门（6 大产业和生活部门）层次的 Laspeyres 指数分解模型，弥补了以往能源强度分解中对生活部门和空间效应的忽视。其次，分析了生产性和生活性能源消费主体的消费行为，基于两者的差异，从企业（有限）理性决策和消费者（居民）习惯性决策理论出发，分别选取变量、检验相关因素对生产和生活部门能源效率的影响。①对中国生产部门能源效率鸿沟假说的验证。利用随机前沿方法和1997~2013年30个内陆省区的面板数据对我国生产部门的能源效率鸿沟及其影响因素进行了实证检验。②分别以杭州居民电力消费的调查数据和省级面板数据为样本，利用微观家庭和生活部门数据，检验了主要的经济因素和非经济因素对我国生活部门能源利用效率的影响。最后，提出了我国能源效率政策的优化建议。

本书的主要结论如下：

第一，改革开放以来，中国能源强度下降的主要动力来自生产部门的技术进步，尤其是工业部门的技术进步，单位GDP生活能耗降低也促进了中国能源强度下降，能源利用效率改善的潜力依然较大。1978~2015年间，除2000~2005年这一阶段略有上升外，中国能源强度持续下降，累计下降了75%，但能耗强度水平依然远高于发达国家，例如为英国的两倍多，工业和服务业能耗强度较高是形成差距的主要原因。

第二，我国生产领域存在能源效率鸿沟，能源效率的主要障碍因素来自企业经营的外部市场环境。金融市场发育程度对生产部门能源效率鸿沟的影响最大，弹性的绝对值大于1，且呈显著负相关；能源价格管制、经济市场化程度不足、环境规制薄弱和产业结构偏重显著加剧了生产部门能源利用效率的鸿沟；人力资本因素的系数虽然较小，但却与能源效率鸿沟显著负相关，说明组织行为障碍也是造成企业能源效率鸿沟的因素。此外，通过对比2006年前后时期生产部门能源效率函数的变化发现，"十一五"时期以来，环境政策的收紧和能效制度的形成对促进生产部门能源效率的提高产生了明显的效果。

第三，对生活部门的实证研究结果表明，家庭住宅用电和居民部门的生活用能均表现出习惯性消费的特征，非经济因素对居民能源效率的作用不容忽视，消费习惯、生活方式对生活部门的能源效率具有显著影响。由于能源的生活必需品属性，居民生活能耗总体上对经济因素的变化缺乏弹性。收入对居民的能源效率具有显著影响，但存在两个方向相反的影响，收入的增加会同时提高居民的能源消费和能效投资，因此，收入对居民能源效率的总体效应可能是正向的也可能是负向的。在当前的价格机制下，能源价格的约束力较弱，从杭州的实施情况来看，居民阶梯峰谷电价在节能降耗上的作用没有得到有力的证实。

  第四，国际能效政策体系的演变趋势是从单一节能政策发展为系统化能效政策，近年来政策的针对性得到强化，越来越注重对行为主体的激励。构建中国的能效政策体系应当着重考虑以下方面：①综合考量政策工具的特点和行为主体对政策的诉求；②提高生产部门的能源效率应充分发挥市场的作用，为企业的能效投资提供资金支持和投资风险分散渠道，纠正用能的环境外部性和错误激励，推进能源市场化改革和能效市场建设；③提高生活部门的能源效率宜充分利用信息工具，引导绿色消费习惯和生活方式，对居民实施有差别的经济激励。

李玉婷

2018 年 2 月

目 录

第1章 绪论 ……………………………………………（1）
　1.1 研究背景及意义 ……………………………………（1）
　1.2 研究思路、研究方法与结构安排 …………………（7）
　1.3 可能的创新与改进方向 ……………………………（11）

第2章 相关概念、理论基础与文献综述 ………………（14）
　2.1 相关概念 ……………………………………………（14）
　2.2 理论基础 ……………………………………………（21）
　2.3 文献综述 ……………………………………………（33）

第3章 中国能源利用效率的变动 ………………………（49）
　3.1 中国能源利用效率总体评价与比较 ………………（49）
　3.2 国内地区分部门能源效率的评价 …………………（59）
　3.3 中国能源效率变动的因素分解 ……………………（71）
　3.4 本章小结 ……………………………………………（88）

第4章 生产部门能源利用效率鸿沟的测度及影响因素 …（90）
　4.1 生产部门能源消费的总体情况与企业能源
　　　行为的理论分析 ……………………………………（91）
　4.2 中国生产部门能源利用效率鸿沟的测度 …………（104）

4.3 中国生产部门能源利用效率鸿沟的影响
因素及实证检验 …………………………（113）
4.4 本章小结与政策含义 ……………………………（123）

第5章 生活部门能源利用效率的影响因素 ……………（125）
5.1 生活部门能源消费的总体情况与居民能源
行为的理论分析 …………………………（126）
5.2 经济因素与非经济因素对居民生活用能
的影响——基于杭州市案例的微观分析 ………（142）
5.3 经济因素与非经济因素对居民生活用能
的影响——基于居民部门的宏观分析 …………（155）
5.4 本章小结与政策含义 ……………………………（167）

第6章 中国能源利用效率政策构想 ……………………（169）
6.1 国际能源效率政策体系
的演变特点——以欧盟国家为例 ………………（170）
6.2 能源消费主体的行为特点与激励 ………………（180）
6.3 构建中国能效政策体系的建议 …………………（189）
6.4 本章小结 …………………………………………（202）

第7章 研究结论与展望 …………………………………（204）
7.1 研究结论 …………………………………………（204）
7.2 研究局限性及展望 ………………………………（207）

参考文献 ……………………………………………………（209）

绪 论

1.1 研究背景及意义

1.1.1 研究背景与问题提出

从属性特点来看,能源商品具有二重性,既是重要的生产资料,又是必不可少的生活资料。随着中国经济的快速增长,能源需求的规模也与日俱增,每年的能源消费量接近世界能源消费总量的1/4,目前已成为世界第一大能源消费国。从能源消费部门情况来看,在生产部门占据能源消费主体地位的同时,生活部门的能源消费量也接近于我国能源消费总量的11%,是仅次于工业的第二大能耗部门。具体而言,近年来,随着城镇化的推进和居民生活水平的提高,我国居民部门的能源消耗不断增强，居民生活能源消费的增长速度甚至超过了生产部门能源消费的增长速度，正在成为能源消耗的主要增长源。

然而，能源消费增长的同时，我国的能源效率情况却依然不容乐观。与国际先进水平相比，我国的能源效率还存在相当大的差距，能源效率提升的潜力较大，提高能源利用效率可以节约大量的能源。按购买力平价计算，2015年我国的单位国内生产总值（GDP）能耗为0.16千克标准油当量/美元（2010年不变价），是英国的2.4倍，德国的2倍，日本1.9倍，美国的1.5倍，世界平均水平的1.4倍。如果能源效率得不到有效提升，根据国际经验尤其是发达国家的经验事实，我国能源消费量增长及后续引发的问题将更加突出。例如，发达国家在完成工业化进程以后，终端能源消费的部门结构中生活用能占比显著提升，生活能源占能源消费总量的比重普遍超过了20%。依此推论，基于我国的城镇化、工业化水平以及居民能源消费变动的趋势，我国生活部门的能源消费将可能继续保持较大上涨空间。因此，生活能源的有效利用愈发不容忽视。可以说，如何提高终端消费主体的能源效率，是保障我国经济社会可持续发展急需解决的重大现实问题。

与此同时，提高能源效率已成为世界各国能源和气候政策的核心战略之一。欧盟颁布了《欧盟能源效率指令》，制定出欧盟国家统一的能源效率目标，要求各成员国通过制定并实施《国家能源效率行动计划》予以落实。一些国家更是将能源效率目标提升到了国家战略性的高度，例如英国于2012年率先提出了以《能源效率战略：英国的能源效率机会》为标题的国家能源战略。与此同时，从我国实际情况来看，由于过往粗放型增长模式的影响，源于化石能源生产和消费的环境污染等负外部性问题也日益突出：一方面，化石能源开采过程中造成的水资源和土壤污染、生态破坏等问题屡见不鲜；另一方面，化石能源消费所产生的废气排放更是造成大气污染和全国雾霾天气频发的主要原因之一。为了提高能源利用效率，减轻能源生产、消费的负外部性，我国政府也不断加大对能源效率问题的重视力度。例如，在国家"十一五"规划中首次提出单位国内生产总值能源消耗降低20%的约束性目标；"十二五"规划又进一步提出了单位国内生产总值能耗进一步下降16%；在政府近期公布的"十三五"规划中，再次提出单位国内生产总值能耗下降15%的约束性目标。

综上来看，无论是我国能源消费不断增长而能效依然较低的现实情况，还是能源资源约束和可持续经济发展的阶段性要求，都表明能源效率问题成为当下的重大课题。基于问题导向，我国能源利用（消费）效率的现实情况如何？不同地区、行业、主体的能源效率表现出什么样的特征事实，有待提升的空间（可能性边界）在哪里、如何提高能源效率，以及如何提供政策支持等问题均需要创新性理论的解答。同时，鉴于生产领域和生活领域的能源利用对中国能源利用效率都具有重要影响，那么生产部门和生活部门的能源效率对中国能源效率究竟具体产生了怎样的影响？是否应当对生产部门和生活部门采取有差别的能效政策？生产性和生活性消费主体的决策机制、行为特点是什么？哪些因素阻碍了能源利用效率的实现？生产性和生活性消费主体的能源行为、影响因素有什么差异？如何更有效地实施能源效率政策引导？本书着眼于能源消费的生产主体与生活主体，围绕上述问题展开研究，试图对中国能源利用效率的影响因素以及相应的政策含义进行解答。

1.1.2 研究意义

我国以化石能源为主的能源消费结构使环境问题日趋严重。虽然通过其他途径也能够一定程度上缓解资源环境问题，例如发展清洁可再生的替代能源，但提高能源效率在成本—收益上的优势更明显，被国际能源署誉为"第一能源"。据估算，如果我国的能源效率达到世界平均水平，生产同样的产值所消耗的能源总量将仅为当前水平的70%左右，如果能达到世界先进水平则将产生更大的能源节约量。因此，提高能源利用效率将是缓解我国能源、环境与经济增长矛盾的重要途径。从生产和生活的视角研究中国能源利用效率的影响因素，不仅为能源利用效率理论研究提供了新视角，还为解决中国能源利用效率问题提供了新思路。

（1）有助于完善基于消费行为主体视角的能源利用效率问题研究

国内很少对不同类型的能源利用进行区分，企业能源效率、居民能源效率以及生产部门能源效率、生活部门能源效率的概念在现有研究中还很少出现（邹艳芬，2014）。现有研究中的能源利用效率一般是指生产部门的能源利用效率。但能源消费包括作为生产资料的能源和生活资料的能源两个基本组成部分。生产部门的能源利用和生活部门的能源利用在本质上是不同的。生产部门的用能主体是企业，而生活部门的用能主体是个人和家庭。基于生产性和生活性能源消费主体视角的能源效率研究，提供了研究能源效率问题的新视角。

基于生产和消费的视角研究能源效率问题实际上意味着将微观消费主体行为、中观主体消费部门、宏观效率表现联系起来进行分析，涉及多个学科领域、不同层次的理论与研究范式。本书通过借鉴和运用不同学科的理论与方法，例如经济学的（有限）

理性选择理论、消费者行为学的购买决策理论、社会学习理论、人际行为理论等，丰富和完善了能源利用效率研究。

（2）有助于增进对生活部门能效行为特点的认知

以往的能源利用效率研究长期关注生产领域而忽视生活领域。例如在对中国能源强度分解的研究中，大部分研究对生活能源消费选择性地忽视，更有研究将生活能源消费并入生产部门的消费之中。然而，这种简化不利用我们全面地了解能源利用效率问题和生活领域能源利用的特殊性。生活领域的能源利用具有两个显著特点：一是生活领域的能源消费是一种引致性需求，能源需求来源于居民的饮食、出行、取暖、照明、清洁、娱乐等需要，是由居民的一系列社会行为所引发的；二是居民从能源消费中获得的收益或者效用具有较强的主观性。这些特点决定了对生产部门的研究结论并不适用于生活部门，对生产部门能源利用效率的研究不能替代对生活部门能源利用效率的研究。

现有研究对生活部门的能源利用效率问题，尤其是我国生活部门的能源效率问题所能提供的信息十分有限。除了收入和能源价格之外，我们对诸如价值观、习惯、生活方式等非经济因素的影响的了解还相对欠缺。本书对生活领域能源利用的经济和非经济影响因素进行了研究，梳理归纳了相关影响因素及其机制，并提供了实证检验，有利于增进对我国生活能源利用的认知。

（3）进一步拓宽能源效率提升的可行性途径

以往的能源利用效率研究由于针对生产部门，因此得出的结论是提高能源利用效率主要通过两条途径，一是增加研发投入和引进国外的技术来促进技术进步，二是限制高耗能产业和大力发展第三产业来推动产业结构的升级和转型。技术进步和产业结构调整固然有利于提高能源利用效率，但技术进步需要投入大量的人力和物力，产业发展有其自身的规律，短期内难以实现结构调整,而基于生产和生活的能源效率研究则提供了看待并解决能源利用效率问题的新思路。

在消费主体视角下,能源效率是市场主体行为的累积结果,提高能源利用效率最终需要落实到能源市场的参与者,提高能源利用效率意味着能源消费者行为的改变。一些行为只需要略微调整便能够节省能源而不需要花费多少成本,例如对于居民而言,提高能源效率可能仅仅需要养成随手关灯、开窗通风降温等习惯。从消费主体行为出发提供了提高能源利用效率的另一种途径,拓宽了实现能源效率目标的方式,有利于以较低的成本实现能源效率目标。

(4)提高能效政策干预的效力

到目前为止,我国政府仍然主要依靠强制命令手段促进企业节能,强制手段虽然降低了重点用能企业的能源消耗,但不少研究亦指出行政手段的负面影响较大。例如邢璐等(2010)研究发现,对于命令控制型的节能减排政策,大部分企业态度比较消极。赵晓丽等(2012)指出,在政府的强制性约束下,企业只能被迫采取节能措施或是被动应付节能措施。如果将企业的经济利益与节能行为对立,必然造成其行为缺乏自主性节能意识的引导。能源消费主体的消极反应会削弱能效政策的效力。

能源消费主体对政策的响应直接决定了政策干预的效果。了解能源消费主体的行为特点、影响因素和政策诉求才能充分发挥其积极性和主动性,是有效实施政策干预的基础。基于生产和消费视角下的能源效率影响因素研究能够为发挥主体的积极性、提高能效政策的效力提供有用的信息。

1.2 研究思路、研究方法与结构安排

1.2.1 研究思路

本书立足于中国提高能源效率的现实需要,通过充分梳理现有的能源利用效率研究,发现能源效率问题的一些重要特征被研究者们忽视,尤其是市场参与者的能动性和行为特点,从而明确了本书的研究问题,即生产和生活视角下中国能源利用效率的影响因素。本书着眼于从不同类型能源消费者用能行为的角度破解能源利用效率问题,为解决我国能源利用效率问题提供新的思路。

如果不考虑公共部门的能源消费,我国的能源消费总量包括生产性能源消费和生活性能源消费两个基本组成部分。生产性和生活性能源的利用对应于生产和生活两大部门,生产性能源的消费主体是企业,而生活性能源的消费主体是居民。对企业而言,能源作为一种生产要素,在一定的技术条件下与其他生产要素一起按比例投入生产中,生产出产品并为企业创造利润。而对居民而言,能源作为生活资料,为居民提供交通、建筑以及照明、制冷、制热、食品制作、娱乐等方面需要的能量,为居民带来效用。企业和居民用能的目的、决策机制、行为特点、影响因素等方面存在显著差异,因而适用于不同的政策方案,基于对此的预期,形成了本书的研究思路:首先分析中国能源利用效率的历史和现状以及生产和生活部门对中国能源利用效率的影响;进而分别推导生产性和生活性能源消费主体的能源消费决策及影响因素模型,利用可以收集到的宏观和微观数据进行计量分析,从理论

和实证两个方面进行研究,判别适用于生产和生活部门的能效政策干预方向;最后在以上分析的基础上提出适用于我国不同类型能源行为主体的政策方案。

根据前述的研究目的和思路,考虑到当前国内外已有研究的不足,本研究主要包括四个方面的内容。一是,基于历史数据评价中国的能源利用效率和提升潜力,并利用因素分解法分析不同部门能源效率变动对中国能源效率变动的影响。二是,基于微观企业能源效率鸿沟(效率的改进潜力)与障碍研究的规范分析,构建生产部门能源效率鸿沟及影响因素的数理模型,并利用随机前沿分析对能源效率鸿沟的存在性及影响因素进行实证检验。三是,通过规范分析初步识别生活部门能源利用效率的影响因素,并利用微观家庭调研数据和生活部门数据对相关因素的影响进行实证检验。四是,基于前述理论与实证分析的结果结合我国政策目标、国际先进实践经验,从生产和生活视角提出能源效率政策建议。

总之,本书从中国提高能源利用效率的现实需要以及理论研究现状出发,提出研究问题,即生产和生活视角下中国能源利用效率的影响因素。本书按照"生产和生活部门对中国能源效率的影响—生产和生活部门能源利用效率的影响因素—中国的对策"的逻辑思路来构思全文。本书的技术路线与内容安排如图 1-1 所示。

1.2.2 研究方法

在研究方法的选择上,本书充分借鉴了产业经济学、能源经济学、消费者行为学、计量经济学等领域的研究成果,综合运用了理论推导、归纳演绎、规范分析、实证检验、宏观微观对照等方法。本书采用的具体分析工具包括:

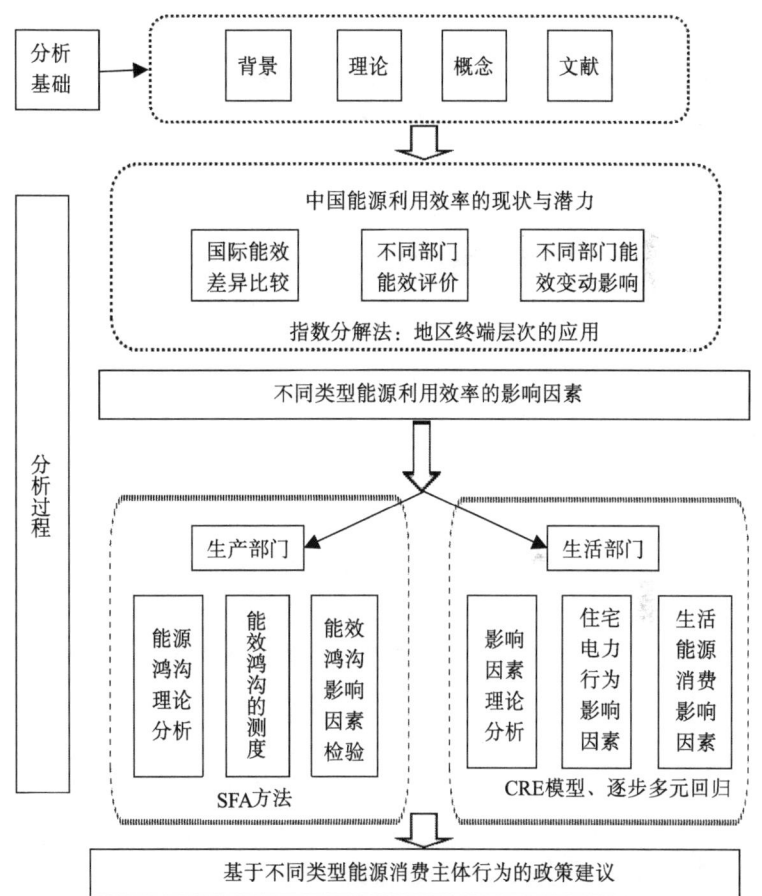

图 1-1 技术路线图

①因素分解法。对 Laspeyres 指数进行了拓展,推导并构建了包含生活部门和空间效应的能源强度分解模型,用于分析生产和生活部门能源效率变动对中国能源效率的影响。

②理论模型。在成本—收益分析、消费者决策过程、行为改变等理论基础上,推导了企业和居民的能源行为以及行为改变的

理论模型。

③随机前沿分析方法。用于度量生产部门的能源利用效率鸿沟，并检验相关能效障碍因素的影响。

④面板计量分析方法。在对生活部门能源效率的影响因素实证分析中，本书采用了杰佛里·伍德里奇在其最新成果 Wooldridge（2013）中提出的相关随机效应面板数据模型以及逐步回归方法。

⑤本书所应用的其他工具还有变异系数、相关性检验、弹性分析等。

1.2.3 结构安排

本研究一共包含 7 章，具体章节安排如下：

第 1 章描述了研究的背景、理论与现实意义、研究思路、研究方法、论文结构、可能的创新点和不足。

第 2 章为基础概念界定、理论基础和国内外相关研究综述。本章对能源效率、生产性和生活性能源消费者、能源效率鸿沟的概念进行了界定；介绍了本研究所依赖的主要基础理论，包括经济学的理性选择理论、消费者行为学的购买决策理论、社会学习理论、人际行为理论等相关理论；系统回顾并评述了国内外关于生产和生活部门能源利用的相关研究成果。

第 3 章从多个层次（国内外、六大产业和生活部门、各省市区、地区终端能耗部门）评价了中国的能源利用效率所取得的成效与潜力，并分析了不同部门能源效率变动对中国能源效率的影响。具体而言，构建了基于地区终端能耗部门（6 大产业和生活部门）层次的 Laspeyres 指数分解模型，对 1980～2015 年不同时期中国能源强度的变动进行了因素分解，比较了生产部门的产业结构和技术进步、生活用能和地区经济规模效应对中国能源强度变动的影响。

第4章，从生产部门能源消费的特点和企业能源行为的假设以及能源效率障碍因素的规范分析出发，利用1997～2013年省级面板数据和随机前沿分析方法测算了能源利用效率鸿沟，选取并检验了金融市场发育程度、经济市场化程度、环境规制强度、能源价格、人力资本和产业结构对生产部门能源效率鸿沟的影响。同时，通过对比2006年前后时期生产部门能源效率函数是否产生变化，考察了以"十一五"规划为标志的政策干预的成效。

第5章，从生活部门能源消费的特点和居民能源行为影响因素的理论分析出发，提炼出居民能源行为的主要影响因素包括经济因素中的收入、价格以及非经济因素中的消费心理、习惯，分别以杭州居民电力消费的调查数据和省级面板数据为样本，利用微观家庭和生活部门数据，对经济、非经济因素对中国居民能源消费的影响进行了实证检验。同时，以杭州市的阶梯峰谷电价为例，讨论了非线性定价机制对提高居民能源利用效率的效果。

第6章以欧盟国家为例，对国际能源效率政策体系的演变特点进行了归纳和总结，结合生产性和生活性能源消费主体的行为特点和本国实际，提出我国能源利用效率政策的优化建议。

第7章总结了本书的研究结论、不足之处，并提出了后续研究的展望。

1.3 可能的创新与改进方向

本书可能的创新主要在于以下几个方面：

第一，学界目前对能源利用效率的研究，主要集中在效率水平的测算、能源效率的区域差异、效率变动的原因以及能源效率变动的趋势等方面。如果从消费视角来看，提高能源利用效率取决于能源消费者行为的改变。本书重点关注生产和生活两大部门的能源消费主体的行为特征，分析生产性和生活性消费主体的决策机制、行为特点，以及生产和生活能源消费主体的能源行为、影响因素的差异和阻碍能源利用效率提高的因素。

第二，在对生产部门和生活部门能源效率影响因素的选取上，重视微观企业和居民能源行为的理论基础。基于微观企业能源效率鸿沟与障碍的研究，选择并检验了市场失灵、市场障碍和组织行为障碍因素对生产部门能源效率鸿沟的影响；基于个人和家庭能源消费行为的研究，选择并检验了收入、价格以及习惯等主要的经济和非经济因素对生活部门能源效率的影响。理论依据较为充分，弥补了我国以往能源效率影响因素研究中变量选择随意、微观理论基础薄弱的缺点。

第三，拓展了研究方法的应用范围，原创性地推导并构建了包含生活部门和空间效应的 Laspeyres 指数分解模型。指数分解的便利性使其在能源效率影响因素的分解中受到广泛青睐，但生活部门被长期排除在影响因素之外或被不恰当地包含在生产部门中，基于地区层次的分解也十分少见，尚未有研究同时考虑生活部门和空间效应，本书原创性地推导并构建了包含生活部门和空间效应的 Laspeyres 指数分解模型。此外，本书将随机前沿分析用于度量能源效率鸿沟，解决了能源效率鸿沟度量的困难。

本书所做的是在现有理论、分析方法、数据条件基础下的尝试性扩展和突破，对复杂多变的现实问题和研究对象采取了较多假设与简化处理，无可避免地存在局限性。因此，进一步研究是有必要的：

第一，向微观层次深入开展实证研究。本书以生产部门整体为单位进行了实证研究,但未能深入探讨不同行业、不同类型企业的能源利用问题。不同行业、大型企业和中小型企业的能源行为和存在的问题可能存在较大差异。由于缺乏企业的微观数据,本书仅利用省级统计数据进行了实证分析,数据质量相对粗糙,若能深入挖掘企业层次的微观证据,自下而上构造统计指标将大大提高数据的精度。

第二,深入探索生活部门的能源利用效率。截至目前,关于居民的能源利用效率还缺乏规范的评价指标。由于本书的研究重点不在于效率的准确测度,因而仅是延续前人的做法选取了户均、人均能耗指标度量居民的能源利用效率,但没有对更为科学准确的居民能源利用效率评价指标体系进行探索。

第三,构建数理化的系统的政策响应模拟模型。可以在本书对能源消费主体决策机制、行为特点、影响因素的研究结果基础之上,构造能源供需、能效供需函数,用中国的数据进行校准,利用政策响应模型模拟预测不同政策工具的效果,从而提供更为细致、准确的政策评估。

第2章 相关概念、理论基础与文献综述

2.1 相关概念

2.1.1 能源效率的概念及内涵

能源效率的概念演变大体经历了这样几个阶段。第一阶段（20世纪70~80年代），称为"Energy Saving"，意在遏制能源消费上涨以及减少能耗总量；第二阶段（20世纪80~90年代），称为"Energy Conservation"，译为能源守恒，是指在能源消费总量基本不变的条件下发展经济；第三阶段始于20世纪90年代中后期，称为"Energy Efficiency"，即提高能源利用效率（郭琪，2008）。

20世纪70年代能源危机之后提出的节能（Energy conservation）一词目前已普遍被能源

效率（Energy efficiency）所替代。世界能源委员会（World Energy Council）将"节能"定义为"采取技术可行、经济有效且环境和社会可接受的一切措施来提高能源利用效率"，而把"能源效率"定义为"减少同等能源服务所用的能源投入"（史丹，2011）。能源效率的一般性概念是由 Patterson（1996）给出的，其基于"帕累托有效"，将能源效率定义为"用较少的能源生产等量产出"。然而，"提高能源效率"与"节能"也有明显的区别。魏一鸣和廖华（2010）指出与"节能"相比，"能源效率"的概念更为宽泛，侧重于能源服务而不是减少能源消耗，侧重于能源的经济和社会含义而非实物和物理含义，侧重于系统分析而非局部分析。Croucher（2011）比较了能源效率与节能在电力行业中的区别，认为虽然两者都以减少能源投入为最终目标，但是其采取的方式与机制不同。具体而言，能源效率侧重于在给定产出约束下直接调整能源投入需求，而节能则依靠减少产出数量间接地减少能源投入。能源效率的概念涉及投入和产出，关键在于如何定义及衡量能源投入和产出。

能源效率是一个一般化术语，其含义非常宽泛。Bosseboeuf 等（1997）将能源效率区分为能源技术效率和能源经济效率；其中，能源技术效率是指通过技术进步减少特定能源的使用，而能源经济效率与 Patterson（1996）的定义一致。史丹（2007）指出，可以从能源综合效率、能源生产效率、能源消费效率三个方面描述能源效率；其中，能源生产效率是指能源的加工转换效率，能源消费效率是能源投入与产出价值量的比，而能源综合效率是能源生产效率与能源消费效率之积。魏一鸣等（2010）将能源效率视为与经济、社会、环境、技术等密切相关的系统的和动态的概念，即能源消费对于维持或促进整个经济、社会和环境系统可持续发展的贡献量。上述对于能源效率的定义均肯定了能源效率对于能源投入与产出之间关系的刻画，但也有明显的不同之处。Bosseboeuf 等（1997）提出了理解能源效率的经济视角和技术视角，史丹（2007）进一步从实际评估应用的角度将能源效率划分为了能源综合效率、能源生产效率、能源消费效率三个方面，魏一鸣等（2010）则从全面、系统和发展的视角，将能源效率的内涵视为包含经济、社会、环境、技术等诸多方面的系统的和动态的概念。

本书将能源消费区分为两大领域——生产领域能源消费和生活领域能源消费。生产性能源的消费者是由企业组成的生产部门，生活性能源消费的消费者是由居民个人或家庭组成的生活部门。对于不同的能源消费主体而言，提高能源效率的含义和侧重点并不一致。对于生产领域的企业而言，提高能源效率意味着能源成本最小化和产出最大化。对于生活部门的能源消费主体而言，提高能源利用效率不应简单地看成减少能源消费，而是杜绝不必要的浪费。国际上通常把居民电力消费量的大小作为衡量人民生活水平的指标之一，人均能源消费并非越少越好。同时，居民能源消费可以被理解为家庭娱乐、供暖、炊事等增加居民效用的产品和服务的生产行为（Filippini 等，2014）。Abrahamse 等（2005）、Oikonomou 等（2009）认为与家庭相关的节能行为可以分为两种：效率行为（efficiency）和削减行为（curtailment）；其中，效率行为是指在没有改变（消费）主体相关行为的情况下，通过采用一项具体技术来减少整体能源消费；而削减行为意味着消费者行为的变化，前提应当是不降低居民的效用水平。

2.1.2 能源消费者的类型

对能源消费者进行分类，是制订影响消费者行为的策略方案的基础，在营销学中称之为市场细分。由于消费者的需求、动机和行为是多元化的，消费者可以被划分为不同的群体。国内外研究和政策实践给本书对不同类型的能源消费和能源消费者进行分类研究提供了参考。例如 Bertoldi 等（2013）将政策干预的对象分为能源供应企业、大型消费者、小型消费者，但这种分类的层次并不统一。邹艳芬（2012；2014）基于能源消费主体能源投入的作用和目标，将能源消费者分为企业、居民和政府三类。发达国家的政府率先推出了针对不同能源主体的政策引导措施，以欧盟为例，欧盟委员会公布的《能源效率行动计划》（COM/2006/545）评估了不同终端消费部门（居民建筑、商用建筑、制造业、运输业）的节能潜力，2012 年公布的《能源效率指令》（2012/27/EU）对欧盟诸国提出了更多实现能源效率的强制性和指导性举措，包括规定了企业按照规模的大小强制或自愿实施能源审计并参与自愿减排协议，实施帮助家庭管理能源消费的措施如智能电表等。我国在政策实践上，2004 年首次通过编发《公众节能行为指南》的形式对政府公务员及企事业单位职员、城镇居民、商贸用户、宾馆饭店四类用户的用能行为进行了指导。

从经济学、管理学理论以及国内外研究和政策实践的分析可知，对能源消费主体进行分类并没有固定的标准。能源消费包括作为生产资料的能源和生活资料的能源两个基本组成部分。一般而言，按照消费者购买产品的目的及其社会功能，可以将消费者划分为生产资料消费者和生活资料消费者（陈友新和王敦明，1999）①。鉴于生产性能源消费者和生活性能源消费者的用能目的、行为特点、影响因素等存在较大差异，本书在微观层面将能源消费主体大致分为居民（生活性能源消费者）和企业（生产性能源消费者）两类，对应于生活和生产两大部门，两类消费

---

① 陈友新、王敦明：《产品销售艺术》，武汉大学出版社 1999 年版，第 120 页。

者的特点如表 2-1 所示。本书暂不讨论公共部门的能源问题。

对居民而言，能源为居民提供照明、炊事、制冷、制热、交通、娱乐等方面需要的能量，满足其效用最大化需要。由个人和家庭构成的市场在管理学中通常被简称为消费者市场。从消费主体自身的特点看，消费者数量很大，但规模较小，分散性强。消费者的需求表现出多样性的特点。从消费行为来看，大多属于非行家购买，可诱导性较强。从购买模式看，消费者单位购买量小、购买频率高，属于小型重复购买。

对企业而言，能源作为一种生产要素，与其他要素一起按比例投入生产，以实现企业利润最大化。从企业用户自身的特点看，具有购买者数量较少而规模较大，集中度高的特点。企业的消费需求是一种派生需求，是由消费者市场需求派生和引申出来的，由于受生产工艺和最终消费者需求的约束，企业所购买的投入要素类型比较固定，需求通常缺乏弹性。从购买模式看，企业的单位购买量大、购买频率低。企业和居民的特点比较如表 2-1 所示。

表 2-1　　　　　企业和居民的特点比较

细分标准	居民	企业
购买动机	满足个人或家庭生活需要	满足企业生产的需要
用户组成	个人和家庭	企业
消费主体特征	数量大、规模较小、分散	数量小、规模较大、集中
消费行为	可诱导性强	可诱导性弱
购买模式	单位购买量小、购买频率高	单位购买量大、购买频率低

本书重点围绕生产和生活两大部门的能源消费主体的行为特征及影响因素展开研究。此外，需要说明的是，企业和居民的能源消费除了直接使用的能源以外，还包括蕴含在商品中的隐含

(间接)能源消费,间接能源消费取决于这些产品的生产工艺而不是在产品消费过程中决定的,换句话说,企业和居民在消费间接能源时并没有进行能源决策,因此本书只涉及主体的直接能源消费行为。本书的研究重点是能源利用效率的影响因素以及如何提高能源利用效率,对本研究而言,重要的是能源利用效率的相对水平,即高低的排序,并非能源利用效率的绝对数值水平。因此,本书对生产部门和生活部门能源效率不同代理变量的选取是根据数据的易得性和相关实证模型的研究需要,从已有的能源效率指标中进行合理选取。

2.1.3 能源效率鸿沟

能源效率鸿沟(Energy Efficiency Gap)的含义是能源效率的改进潜力或最优的能源效率水平与实际能源效率之间的差额。能源效率鸿沟的探讨起源于能源技术领域的"悖论"现象,即许多满足成本—收益净现值条件的节能技术在应用推广中受阻的现象(Jaffe 和 Stavins,1994),例如节能灯具、空调、冰箱等的市场份额较低。"能源效率鸿沟"一词最早是由 Hirst 和 Brown 在其 1990 年名为"Closing the Efficiency Gap: Barriers to the Efficient Use of Energy"一文中提出的,他们指出美国能源效率至少有 50% 未开发的潜力,而潜力实现的途径是消除经济结构障碍和市场障碍。

后续学者们对能源效率鸿沟的含义进行了界定和补充。Jaffe 和 Stavins(1994)在对以往能源效率鸿沟相关研究基础上,将"鸿沟"定义为明显成本—收益有效的能源效率技术却推广缓慢的悖论,并提出可以从理论潜力、技术经济潜力以及经典经济学上的经济潜力三个方面去分析能源效率潜力,以便对能源效率鸿沟进行合理的界定。界定的标准取决于对市场障碍的理解,能源利用的经济潜力是指消除市场失灵所能实现的能源效率潜力,要实现技术经济潜力除了消除市场失灵以外还要求消除市场障碍，而理论潜力则是指实施所有技术可行的措施后所能实现的能源效率总潜力。Eyre（1997）指出能源效率的投资长期低于专家认为技术可能且经济上可行的水平。比如当提高能源效率技术存在并且经济上投资有利可图的情况下，而用户仍然选择低效设备时，从社会的角度看存在能源效率的改进潜力，这便是能源效率鸿沟。可以看出，上述能效鸿沟的定义及解释依赖于能源效率的技术—经济视角。在欧盟的"20—20—20战略"中，欧盟委员会估计了不同领域的节能潜力，如交通业能源效率提高26%、制造业提高25%、家庭提高27%等，可以被看作是对各领域能效鸿沟的估计（Backlund等，2012）。尽管最优的能源效率水平不可观测，但许多学者认为，能效投资的高"隐含贴现率"、能效技术扩散缓慢等现象都可以看作是存在能源效率鸿沟的有效证据（Sorrell等，2004；Backlund等，2012）。Backlund等（2012）测算了瑞典制造企业的能效鸿沟，发现低能耗和高能耗型制造企业通过采用更高效的技术可以实现的能效潜力分别约为当前能耗的5%和13%，而通过能源管理措施可以实现的能效潜力分别为当前能耗的13%和20%。

　　了解能效鸿沟产生的原因是实施行之有效的政策引导的基础。国外关于能源效率鸿沟的相关研究已经产生了不少成果，大部分研究通过能源效率"障碍"（barriers or brakes）来解释能效鸿沟（Weber，1997；Brown，2001；Sorrell等，2004；Croucher，2011；Schleich，2009；Palm和Thollander，2010），而国内对能源效率鸿沟关注较少（孙广生，2011）。障碍的概念来自微观经济学的市场理论，Sorrell等（2004）将能源效率的"障碍"定义为"阻碍能够提高能源效率且经济可行的技术投资的延迟机制"，与古典经济学中狭义的市场失灵区分开来。很多学者从不同的角度对造成效率鸿沟的原因进行了研究,这些研究的结论可以分为三大类,分别是市场失灵、市场障碍和组织行为障碍。市场失灵可能表现为信息缺乏或不对称等问题、能源成本的低估以及研发技术溢出等(Chai 和 Yeo, 2012)。但市场失灵不能完全解释效率鸿沟的存在,许多学者甚至政策制定者开始将能源效率视为一个多面性的问题,涉及技术、经济以及组织的挑战(Rohdin 和 Thollander, 2006; Thollander 和 Dotzauer, 2010)。

2.2 理论基础

2.2.1 西方经济学:理性行为理论

西方经济学在资源稀缺和理性人的假设下,对市场利益相关方的经济行为作出了深入剖析。能源作为一种商品,能源市场则满足商品市场的一般规律,能源市场主体的行为可以用相关经济理论进行解释。

(1)消费者行为理论

作为理性人的消费者,即追求自身利益的当事人,消费者决策的根本原则是实现效用(Utility)最大化。效用衡量商品或服务满足人们欲望的能力,是一种主观评价,取决于人们的偏好。一方面,消费者的偏好具有非饱和性,这意味着消费者为了获得更高效用应当尽可能地多消费;另一方面,消费者拥有的收入或购买力有限。那么,理性的消费者的经济行为表现为:在资源约束的条件下,根据行为目标对不同时点、品种和数量的消费做出选择,选择最优的消费组合,从而实现效用最大化。

宏观经济学中提出的收入消费理论主要有凯恩斯的绝对收

入、杜森贝里的相对收入、莫迪利亚尼的生命周期,以及弗里德曼的持久性收入等理论。这些理论表明消费与收入之间存在着长期稳定的均衡关系,学者们对我国居民消费行为的实证研究表明,虽然当期收入和现期收入的影响力在不同时期存在较大差异,但收入理论总体上对于我国居民消费支出具有较强的解释力(罗光华和牛叔文,2012;程胜,2014)。消费者还面临在不同商品和服务之间做出权衡取舍以实现当前消费的效用最大化。商品和服务的价格和消费者的收入决定了消费者所能购买的最大数量,构成了预算约束。依据效用最大化的原则,在预算约束下,消费者应当使他花费在每一种商品和服务上的最后一单位货币所获得的边际效用相等。经济学中用无差异曲线表示使消费者产生相同效用的商品和服务组合,无差异曲线的形状反映了不同商品和服务之间的可替代性取决于消费者的主观偏好。理性的消费者应当选择使预算线与效用最大的无差异曲线重合的商品和服务组合。每个个人都以这种方式决策,个人需求加总便得到市场需求。也就是说,完全市场条件下,消费者的收入、价格、相关物品价格、偏好、预期、消费者数量决定需求。

(2)厂商行为理论

企业经营的目的是实现利润最大化或者生产者剩余最大化,即总收益与总成本之间的差额最大。在长期中,厂商可以灵活调节生产规模,通过在最优规模下进行生产,降低生产成本、增加利润;而长期入不敷出的厂商将会被市场淘汰。在短期中,厂商需要对产出水平进行决策,进而确定相应的要素投入种类和数量。厂商不断调节生产水平,直至边际收益和边际成本相等,即达到利润最大化的产量。当产品价格上升时,企业发现在当前的产出水平下边际收益大于边际成本,便会增加产量;当价格下降时,企业发现边际收益小于边际成本,便会减产。利润最大化对应着成本最小化。在一定的技术条件、产出水平和要素价格条件下，厂商对要素投入的种类和数量进行选择，尽可能降低总成本。依据成本最小化的原则，在产出约束下，厂商应当使他花费在每种投入要素上的最后一单位货币所获得的边际产出相等。由于投入要素之间存在一定的可替代性，当某种投入要素价格上涨时，边际产出小于成本，厂商会减少该要素投入；反之亦然。厂商倾向于更多地使用价格较低的要素。要素投入量取决于产量、预期、技术和要素的相对价格。

（3）有限理性理论

行为经济学基于现实人的特点对传统经济学理论进行了扩展，以赫伯特·西蒙（Herbent Simon）为代表的经济学家们倡导有限理性理论（Limited Rationality Theory），认为在现实中决策者并非是完全理性的，而是有限（近似）理性的。行为主体的价值取向和目标通常是多元、变动，甚至彼此矛盾的，受到多方面因素的制约。由于环境的复杂性、不确定性和信息不完全，人们不可能对每个措施将要产生的结果形成完全准确的了解和预测，决策成本也不允许集齐全部备选方案，只能一定程度上依赖主观判断进行决策。并且，决策者的经验和认知能力有限。因此，决策者只能尽力追求在其能力范围内的有限理性，人们的选择机制应当是有限理性的适应机制，而非完全理性的最优机制。最优决策通常难以实现，决策者的目标不是寻找一切方案中最好的，而是在预期的风险和收益等条件下做出自己较为满意的抉择，即策略选择能够超过最低满意标准。有限理性理论假设市场信息不完全，决策者必须进行方案搜索和信息收集，决策者有一个可调节的欲望水平且受决策者的个性特征、知识和经验、搜索方案的难易等因素影响，以满意为标准实施有限的搜索并选择方案。有限理性理论提供了能源效率鸿沟的一种解释，相比传统理论更符合现实决策,被纳入主流经济学研究中得到了广泛的应用(李广海和陈通,2007;李纾等,2009)。

2.2.2 消费者行为学:购买决策理论

(1) 决策的类型

消费者在购买不同商品的过程中,每次决策所需要付出的努力程度是不同的,按照消费者所需要付出的努力程度高低可以将购买决策分为扩展型问题解决(Extended problem solving)、有限型问题解决(Limited problem solving)和习惯性决策(Habitual decision making)三类①。扩展型问题解决的发生动机通常对消费者的自我概念是很重要的,最终决策具有一定的风险性。扩展型问题解决属于复杂性购买决策,其特点是消费者在决策过程中需要花费很多精力,设法从记忆(内部搜寻)和资料(外部搜寻)中搜集大量信息,并在深入的比较、分析的基础之上做出购买决策。有限型问题解决的特点是消费者仅需投入十分有限的时间和精力。习惯性决策主要参照以往的经验、习惯做出决策。扩展型问题解决和有限型问题解决都需要经历信息搜索与思考的过程;而习惯性决策几乎不需要经过有意识的努力便已做出决策,也就是不涉及信息搜索和评价选择这两个阶段。习惯性决策和扩展型问题解决意味着两种截然不同的决策模式,能效投资行为符合扩展型问题解决,居民的日常能源使用行为则可能更接近习惯性决策(Maréchal,2009)。

(2) 决策过程模型

消费者行为学提出了包含信息搜集过程的经典五阶段消费者

---

① [美]迈克尔·所罗门著:《消费者行为学》(第6版),卢泰宏译,电子工业出版社2006年版,第288~290页。

决策模型。消费者决策过程的五个阶段依次为：问题识别、搜集信息、评估选择、购买决定和购后行为（见图2-1）。决策过程从消费者认识到自己有某种需要时开始，这种需要可以是由内在生理活动引起的，或是受到外界的某种刺激引发的，是消费者对理想状况和实际状况之间变化的知觉。在识别需求之后，消费者主动搜索相关产品或服务的信息，可以通过内部搜索或外部搜索获得，内部搜索是指记忆中有关产品或服务的经验、知识，外部搜索包括从认识的人、广告、公众信息源等途径获得信息。弄清可供选择的方案之后，进入评估阶段，消费者需要基于其设定的准则对产品或服务进行比较和评价。在评估完成之后，消费者基于评价结果做出是否购买决定，在这个过程中态度、角色、个性等因素会作用于购买决策。选择购买后，消费者的决策过程仍在进行，最后消费者会以购前的期望作为标准来评价所使用的产品或服务，产生满意或不满意的评价，影响后续的购买行为并通过信息传播影响他人。后续学者们根据研究的需要有的进行了简化处理，如把五阶段模型简化为信息搜索和产品购买的两阶段模型（赵黎等，2012），有的学者则提出更为细致全面的消费者行为模型，例如恩格尔—科拉特—布莱克威尔（Engel-Kollat-Blackwell）模型、霍华德—谢思（Howard-Sheth）模型。

图2-1　消费者决策的五阶段模型

（3）习惯性决策

习惯性决策有两大特点，一是很少或根本不用搜集信息，二是很少或根本不用对其他选择进行评估。习惯性决策与经常性和重复性的购买行为有关。日常的购买决策通常不会涉及深入的信息搜索和评估，"低努力购买代表了消费者日常生活中所做的大多数决策类型"①。对于消费者而言不是很重要、与消费者的相关程度低、不导致明显风险的购买行为容易形成低努力购买。一些调研表明，对于食品、饮料、清洁用品、文具等价格较低的日常商品，消费者决策的努力程度很低，平均决策时间只需要几秒钟，决策速度之快以至于有的研究者甚至怀疑根本不存在购买过程。消费者甚至是无意识的决策，这种行为称为"自动购买"②，例如对于面包的香味，人们在大脑思考以前已经做出了回应（Dijksterhuis 等，2005）。依据前景理论（Prospect Theory），在低努力购买情况下的目标不是像扩展型问题解决那样寻求最优选项，而是寻找满意选项，最优化将耗费消费者过多的精力以致其通常不会也不愿意那样做。习惯则是最简单、最省力的决策策略，还能减少风险，消费者的获取、使用和处置决策有时也是基于习惯的（霍伊尔，2011）。习惯性决策对于解释日常的能源使用行为具有重要的参考价值（Wood 和 Newborough，2003；Maréchal，2009；Gram-Hanssen，2011）。

2.2.3 消费行为改变理论

经济分析侧重于理性行为，假定消费者的决策是理性行为，消费者行为的改变则需要借助心理学和社会学的研究。从经济学的角度看，需求是购买力与需要的统一。而从心理学的角度看，

---

① [美] 韦恩·霍伊尔著：《消费者行为学》（第5版），崔楠、徐岚译，北京大学出版社2011年版，第268页。

② [美] 迈克尔·所罗门著：《消费者行为学》（第6版），卢泰宏译，电子工业出版社2006年版，第122页。

第 2 章 相关概念、理论基础与文献综述

需要是指人体和社会生活中所必要的事物在人脑中的反映，是未被满足的一种状态，也是产生消费行为的原动力（姜彩芬，2009）。与低碳节能相关的主要理论包括马斯洛需要层次、价值—信念—规范理论、计划行为理论、态度—行为—情境理论、社会学习理论、人际行为理论等。

（1）马斯洛需要层次和环境心理—行为的相关理论

马斯洛指出人的需要呈现出层次性，当一个人的食物、安全和自尊需要没有得到满足的时候，对生理的需要最为迫切。马斯洛最初把人的需要分为了五个递进的层次，即生理需要、安全需要、归属与爱的需要、尊重的需要、自我实现的需要。马斯洛晚年对其需要层次理论进行了修订，指出自我实现的需要不应该是人的最终需求，需求层次的最高级应当是超越性需要[①]（见图2-2）。超越性需要是指以超越作为目的与自己、与周围的人、与一般人、与大自然，以及和宇宙发生关系（郭永玉，2002）。在低层次的需要（包括生理需要、安全需要、归属与爱的需要）获得基本满足以后，人们将会追求更高层次的需要。作为对生态环境友好的消费，绿色消费是一种较高层次的消费，在人们的基本生活需要得到满足以后，消费者对环境保护、社会责任、可持续发展的关注度会增加。

不同于经济学中的"成本—收益"分析，环境心理学认为"态度影响行为"。通过吸引行为主体的注意力和刺激响应机制可以改变行为。环境心理学形成于 20 世纪 60 年代，研究人类与环境的相互影响。其中，一个被广泛用于低碳行为分析的重要的成果是由 Stern（1999）提出的价值—信念—规范理论（the Value - Belief - Norm Theory），例如 Steg（2005）在分析荷兰家庭二

---

① 罗子明：《消费者心理学》，清华大学出版社 2007 年版，第 132 页。

氧化碳排放时便应用了该理论。价值—信念—规范理论认为人们

```
          自我超越
       自我实现需要
        尊重需要
    （自我尊重、被肯定等）
       归属和爱的需要
    （友情、爱情、归属感等）
        安全需要
  （人身安全、生活稳定、健康保障等需要）
        生理需要
    （食物、水、空气、住房等需要）
```

图 2-2 马斯洛的需求层次模型

的一般性价值决定环保导向行为，这些价值可以分为自我（egoistic）、利他（altruistic）和生物圈（biospheric）三个层面，节能措施只有当公众拥有较强的利他和生物圈价值时才能被更好地接受。社会责任感是影响节能行为的重要心理变量之一，责任意识强的人更可能主动参与和响应环保行动，而责任感又往往受社会价值观的影响。价值—信念—规范理论的意义在于阐明了环境价值观的类型和作用。但研究者们发现在实际中亲环境态度不一定引致亲环境行为（如 Goldblatt，2005）。面对态度和行为差异不一致的质疑，一些学者认为消费者对节能设备绩效的信仰程度取决于其认知过程和获取与评价信息的具体环境，因而，不同个体的理念存在随机性或不确定性（Howarth 等，1993）。信息的缺失造成了"亲环境行为"（pro-environment behavior）无法实

现，通过告知人们节能的必要性和节能的具体途径或方法，能源节约就可以实现（Oikonomou 等，2009）。

除了心理类变量以外，情境变量也是消费行为背后重要的阻碍或推动因素，主要的理论包括计划行为理论（Theory of Planned Behavior）和态度—行为—情境理论（Attitude - Behavior - Context，ABC）。前者由阿耶兹（Ajzen，1991）提出，基本思想是：行为意向是直接决定个人意志完全可以控制的行为的关键因素，而态度、主观规范和感知行为控制力是决定行为意向的主要因素。其中，感知行为控制是指个人根据经验或预期判断采取特定行为时自身所感受的控制力。但人的行为并非完全受理性控制，非个人意志所能完全控制的行为还取决于资源、机会、技能等外部条件。ABC 理论由 Guagnano 等（1995）提出，强调了外部条件对于行为的促进或制约作用。当行为的态度较弱时，外部因素的影响就很显著。当个体有积极的环境态度且外部环境有利时，就会产生积极的环境行为；当个体有消极的环境态度且外部环境不利时，就会产生消极的环境行为；当态度和环境因素不一致时，行为则取决于二者相对的影响力。外部因素极为有利或不利会大幅促进或阻碍环境行为的发生。只有外部因素比较中立或很弱时，情境因素的作用才很小，态度和行为之间的关系才很强。

计划行为理论和态度—行为—情境理论对于构建改变行为的政策具有重要的参考价值。Green 和 Kreuter（1999）在分析教育与健康项目时，在态度—行为—情境理论的基础之上提出了一种较为实用的政策干预分析框架"前置—进行"模型（Precede - Proceed）。设计和实施节能干预措施的一个关键步骤就是要有一个全面的诊断：首先，识别对环境问题有重要影响的行为；其次，检验可以让消费模式有（无）吸引力的要素，例如动机因素、机会和感知能力;最后,评估干预的效果要关注决定行为变化的因素和能源相关行为(Abrahamse 等,2005;Egmond 等,2005)。遵循的逻辑脉络是:目标—相关影响因素(外部和内部因素)—政策中的积极因素和配套工具—战略(干预政策)形成。即通过对项目或政策的实施、过程(评估)和影响或后果(评估),将不同策略(政策、管制、组织和教育等)通过三个因素来影响个人行为和生活方式,进而实现预期目标。其中这三个因素为前提要素(predisposing)(包括知识、态度、信仰、价值观和认知)、强化要素(reinforcing)(来自于亲人、师长、上司和同事的影响)和促成因素(enabling)(技能、资源的可获得和可利用等),其机理框架如图 2-3 所示。已经有一些学者将前置—进行模型应用到家庭节能行为政策措施的分析中(Abrahamse 等,2005;Egmond 等,2005),对本书的研究具有很好的借鉴意义。

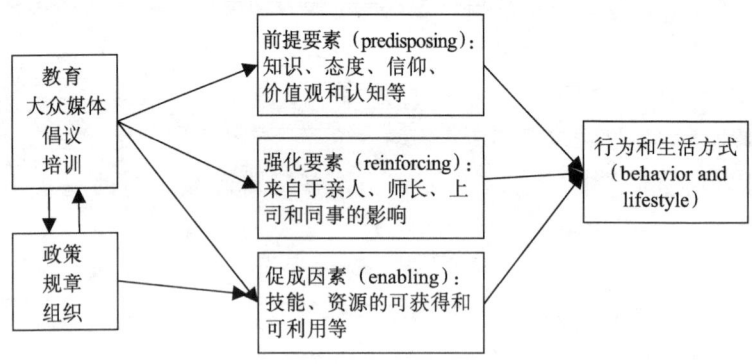

图 2-3　Precede—Proceed 模型

(2)社会学习理论与人际行为理论

不同于心理学对人本身的关注,社会学强调了社会背景和社会结构的作用,注重的是人在社会环境中的行为特点。习惯和日常行为相关的问题是社会学的研究范畴。通过将习惯视为日常重复行为，我们便可以开始探索为什么许多生活习惯是广大民众所共有的。这些社会行为并非产生于群体中的个人有意识的独立决策、以某种方式达到某个目标，而是超越具体表现形式存在，体现了物质基础、社会规范、社会习俗、认知、专业技能、情感状态等因素的综合作用。依据班杜拉（Bandura）提出的社会学习理论，人的行为主要是后天在社会中习得的。依据社会学习理论，"在任何情境下每个人都会学习到某种行为，经过多次学习之后会形成习惯，此后当相同或类似的情境再度出现时，个体便会以习惯的方式做出反应"[①]。学习行为有三种机制：一是联结，即条件反射模式，通过刺激—反应联结形成学习；二是强化，这是学习理论的核心，指的是个人学会某种特别的行为是因为该行为经常伴随着愉悦、可满足某种需要或是避免某种不愉悦的后果；三是模仿，人们会通过观察社会群体中他人的态度、行为而学习到社会态度和社会行为。

人们对能源的需求是一种衍生需求，是通过一系列日常行为活动例如烹饪、清洗、取暖等间接引发能源消费。社会因素的重要影响正如 Humphreys（1995）指出的那样，如果室内温度调节的舒适标准被定在 22 摄氏度，并且有足够多的建筑实践这一标准，这就变成了一种温度调节的社会规范，任何偏离该规范的行为都会被大众认为是不舒服的。能源消费行为作为一种社会性行为，一方面，社会个体的行为模式在很大程度上受到社会背景的影响，社会阶层、社会关系、社会规范、制度、社会观念（舒适度偏好）、社会文化、物质基础等因素决定了社会人对时间和

[①] 负晓哲、赵志耘编：《消费者行为学》，社会科学文献出版社 2011 年版，第 18 页。

金钱的支配模式、消费偏好和生活习惯。社会背景决定了行为的潜在条件，使得某些行为更容易或更不易出现。另一方面，社会行为是由长期的社会系统配置所决定的，而不是社会个体短期决策的结果。家庭、能源供应企业、能源效率产品的提供、安装、销售、服务企业、住宅和建筑关联企业、社区、非营利机构和政府等利益相关方相互影响，并以不同的方式影响能源行为。因此，改变社会行为除了依靠直接行为主体外，还需要广泛的调动利益相关者。社会学的行为改变方案给出了一种不同于经济学方案的低成本政策选项，在相关利益者各司其职的前提下，只要求其稍微改变行为方式。

意识到社会因素和习惯对行为的重要影响，特里安迪斯（Triandis，1977）提出了人际行为理论（Theory of Interpersonal Behavior）。人际行为理论认为，人的行为直接受到意愿、习惯和促成因素的影响，如图2－4所示。意愿的形成有三个显著条件，即态度、社会因素和情感。其中，社会因素主要包括社会规范、角色和自我概念：社会规范提供了社会认可和不认可的行为准则；角色是指与个人在社会中所处的地位有关的行为方式；自我概念指的是对自我价值、自我追求的评估（王建明，2012）。情感在决策中属于无意识的投入，是指消费者对某个物品或活动投入的情绪和增强感受，这种感受会作为一种信息来源。特里安迪斯认为以往的态度—行为—情境理论等心理—行为理论忽视了一个关键因素，即习惯的作用。某种行为的习惯性越强，人们对该行为的思考越少。人际行为理论是一种多维度的综合理论，既强调了习惯与规律在行为形成中的作用，也关注了外部因素的影响，尤其适合用于解释日常化、习惯化的亲环境行为，受到不少学者的推崇（Bamberg和Schmidt，2003；Jackson，2005；徐国伟，2010），例如Bamberg和Schmidt（2003）将该理论应用到消费者对汽车的使用行为研究中。人际行为理论指出了行为的产生既不完全是理性决策的结果,也不是完全自发形成的,相比前面介绍的态度—行为—情境理论、计划行为理论等理论,人际行为理论对行为的解释更加完善,给出了研究行为如何形成、受哪些因素影响、如何改变行为的较为理想的分析框架,是本书最为重要的基础理论之一。

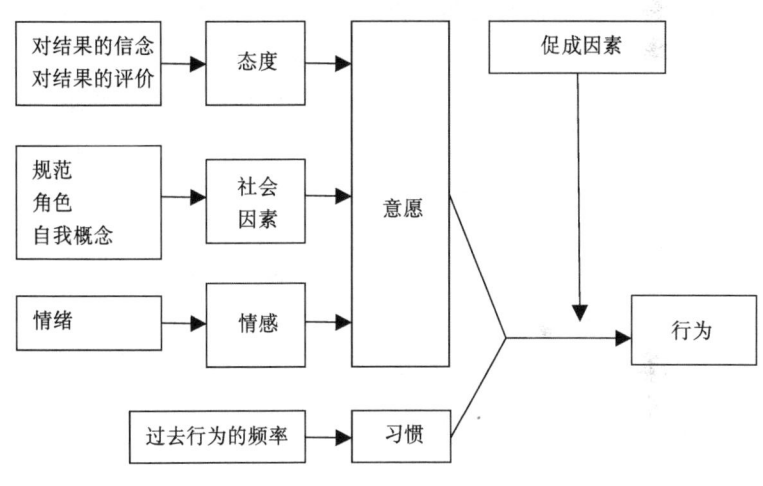

图2-4　特里安迪斯人际行为理论

资料来源:Triandis(1977)。

2.3　文献综述

能源利用效率有关的主流研究方向包括能源利用效率的测算、能源效率差异的影响因素、回弹效应、效率收敛性、能源—经济—环境系统模型等。总体而言,学界对能源效率问题的研究,更多集中在宏观层面,较少关注消费主体的消费行为特征。例如,企业是否会对能源投入进行管理,是否会采用新的节能技术,以及消费者是否会购买新的节能产品,这都取决于消费主体的行为。由于缺乏对消费主体行为特征的聚焦,我国能效政策重点集中于生产领域,而忽视了节能技术、节能产品在消费领域的推广。

2.3.1 生产部门的能源效率研究

(1) 生产部门能源效率的研究现状

国外对于生产部门的研究较早深入到企业层面,且研究方法多样化。Decanio 和 Watkins(1998)以美国环境保护署能效"绿色照明工程"项目的数据为基础,通过建立企业的能效决策模型和统计学方法对企业参与能效项目的自身决定因素进行了分析。研究结果表明,不同企业的特征对于参与能效项目的可能性具有显著影响,这些特征包括员工数目、预期收益涨势、所处行业等。Boyd(2008)将随机前沿分析(Stochastic Frontier Analysis,SFA)方法应用于企业层面的能源效率估计,并以玉米湿磨行业为例给出了具体的模型和分析方法。Yang(2010)分析了企业能源效率投资的收益,基于对中国 1000 家制造业企业能源效率审计结果的研究发现:企业进行能效投资的潜在收益是巨大的,不仅能够节省成本,企业每一美元的投资还将每年减少 7.95 千克的碳排放,并在该技术的经济寿命期间为企业带来 5.3 美元的净收益。然而,在为提高能效而进行投资和技术推广的过程中,会遇到很多市场失灵和非市场因素的障碍,造成能源效率鸿沟,即提高能源效率的潜力或最优的能源消耗与实际水平之间的差异。

国内的研究大多采用宏观视角,包括全国层面、省际层面以及行业层面。近年来,对生产领域能效问题的研究产生了丰富的成果。例如,李廉水和周勇(2006)、段文斌和余泳泽(2011)分别用包络分析(Data Envelopment Analysis,DEA)和 SFA 的方法计算了我国 35 个工业行业全要素生产率;王珊珊和屈小娥

(2011) 运用 DEA 方法、聚类分析和 Tobit 模型研究了全要素能源效率水平的行业差异和影响因素的行业区别，结果发现重工业的能源效率明显高于轻工业。国内对企业层面的研究较为稀缺，在研究方法和视角上依然较多沿袭了宏观分析的特点，而未能着眼于微观主体的行为特点。刘红玫和陶全（2002）以我国 1997～1999 年的工业企业数据为样本，运用 Divisia 指数和计量回归方法对影响工业企业能源效率的因素进行实证研究，发现价格变动和研发投入是能源效率提高的主要因素，产业结构升级和所有制的多元化也产生了正面影响。姚鹏和万红艳（2012）基于 DEA 方法分区域和集团对 2004 年及 2011 年我国电解铝企业能源效率进行了测算，研究结果显示技术进步是能源效率提高的根本动因，能源效率的空间差异不明显，集团之间的技术效率有差异。李思慧（2011）采用多元回归法对江苏省 1965 家样本高新技术企业能源效率的研究结果表明，产业集聚和人力资本具有显著的正向作用。夏晓华等（2011）则利用松弛效率测度分析工具对中国 1902 家火力发电企业进行了经济环境效率评价，通过比较跨省区域间的节能调度和省网节能调度在节能潜力和成本上的差异，发现可以通过合理安排跨省的区域间节能调度来增加节能。

（2）生产部门能源效率的测度

按照计算原理的不同，生产部门能源利用效率的测算方法分为单要素和全要素两类方法。单要素能源效率，是以经济体的有效产出和能源投入比值衡量能源效率。其中，最为常用的指标为能源—GDP 指标（又被称为能源强度或单位 GDP 能耗）和能源生产率指标两种，能源强度同能源生产率指标之间是倒数关系。单要素能源效率指标具有形式直观、计算方便可行的优点，各国政府和国际机构广泛采用单要素指标作为能源效率的指示性指标。例如，我国"十三五"规划中以单位 GDP 能耗强度作为国民经济社会发展的约束性指标之一。然而，单要素指标相当于假设能源作为唯一投入要素而忽略了其他生产要素的贡献和替代效应，能够衡量社会生产的总能效水平但不能反映不同产业的特点、能源消费结构、技术效率等内涵（杨红亮和史丹，2008）。学者们于是提出了基于全要素生产率框架的能源效率指标，即考虑了各种投入要素相互替代和影响的能源效率。全要素能源效率测度的思路是通过测度样本点距离生产前沿的远近来比较相对效率，度量方法主要有 SFA 和 DEA，两种方法分别属于参数方法和非参数方法（史丹，2011）。

每种度量指标都存在各自的优缺点，没有哪种度量方法绝对优于另一种测量方法。在实际研究中，学者们通常基于各自的研究目的和重点对能源效率的概念进行界定，继而选择不同的指标来度量能源效率水平。鉴于单要素指标适合直观比较、可直接进行因素分解，本书在对能源利用效率变动的研究中选择了能源强度作为生产部门能源效率水平的度量方法，而在能源效率鸿沟的度量中体现了全要素的思想。据笔者测算，单要素和全要素指标的度量结果虽然存在一定差异，但二者是高度正相关的，不会对本书的研究结果产生重大影响。

（3）企业层面的能源效率研究

国外对企业层面能源效率的研究，主要围绕"能源效率鸿沟"的验证、解释与测量展开。DeCanio（1998）认为之所以存在可观的利润却不愿实现的现实背离了经济学关于成本最小化和利润最大化的经典假设，是因为企业能效投资的障碍包括有限理性（bounded rationality）、委托—代理问题和道德风险。朱迪·丽丝（2002）指出，公司的利益并不一定与资本的利益完全一致，最好把公司看成是各种利益的合作或"董事会"；实际决策代表了公司内多个集团之间的妥协，并将随时变化以反映个性的变化以及所有其他影响相互讨价还价势力的内部和外部力量的变化。即便企业能效技术投资行为的决策过程是理性且基于成本—收益分析,De Groot 等(2001)通过对荷兰 135 家企业(涉及 9 个部门)进行调查研究发现,其他更具利益诱导的投资机会的存在和现存机器设备的不完全折旧也会成为引起能效投资不足的主要因素。由于节能实践是一个复杂的系统性工程,为了尽可能地涵盖更多的影响企业能源行为的因素,许多研究问卷被设计成集大成式的影响因素"大杂烩",并基于不同学科体系进行分类(Rohdin 等,2007;Chai 和 Yeo,2012)。以 Rohdin 等(2007)为例,其通过对已有文献有关影响因素的梳理,重新设计出的用以研究瑞典玻璃工厂能效障碍的因素达到 12 类,涉及经济学、行为学和组织学这 3 个学科,如表 2-2 所示。Rohdin 等(2007)认为,融资限制是阻碍能效提升的最为关键因素,同时,集体所有的工厂面临能效障碍为组织问题,而私人企业则面临着信息不全的问题。

表 2-2 企业能源效率障碍因素的分类及详情

理论	障碍因素	详情
经济学	隐性成本	管理成本,信息收集和分析成本,生产中断和不便利等
	融资能力	紧缩预算影响能效技术投资能力
	风险	风险规避,关注短期收益
	异质性	技术对企业的不适应性会造成成本效率型的能效措施难以发挥作用
	不完全信息	消费者对市场情况、技术特点和其行为的影响是不明确的
	委托代理	监管与行动不一致造成能效举措失效
	逆向选择	在产品供应者对产品性能更多了解的情况下,消费者可能会基于产品价格而进行选购
	错误激励	如果个人或机构不能从能效投资中获取收益会影响其积极性

续表

理论	障碍因素	详情
行为学	有限理性	决策者不是追求最优而是满意
	惯性（惰性）	组织内反对改变的成员会造成对能效举措的不积极
	信誉和信任	信息来源应该是可靠的和可信任的
	信息的形式	信息应该具体形象，简单和富有人性化
	价值	处于最高管理层且具有坚强决心的个体，效率提高很可能被采纳
组织学	文化	文化特点，如环保理念可能会鼓励能效投资
	权力	在能源管理中缺乏权力会造成能源问题在组织中被轻视或忽略

资料来源：Rohdin 等（2007）。

国内对能源效率鸿沟和障碍的研究很少，但学者们对影响我国企业节能的因素进行了探索。由于我国处于工业化阶段，工业企业的能耗整体较高，针对我国企业的节能影响因素的分析，大多集中于高能耗企业。学者们主要通过调研的方式寻找节能的制约因素。总结起来，相关研究的结论表明，我国企业节能行为存在诸多问题：既包括对节能减排认知不足、原有技术条件的限制、用能惯性、研究人员或训练有素的人力资源欠缺、节能减排资金掣肘等内在因素，还受到诸如监管力量薄弱、基础工作滞后、能源和环保收费价格偏低、政策扶持和资金投入力度不够、产业结构调整难度大、数据和信息不充分、较高的投资风险、既得利益的反对、战略规划的欠缺、合理生产技术的缺乏等相关支撑调节薄弱等外在因素（如 Wang 等，2008；常兴华等，2007；邢璐等，2010；刘莉等，2011；赵晓丽和赵越，2012）。

一是经济效益。如果能源价格水平偏低，企业用于节能和改善能效的投资所获得的收益不如用于其他方面投资所获得的收益多，企业在进行基础建设、技术改造、设备更新、原材料选取时，也就不会把提高能源效率放在重要位置考虑（邹艳芬，2011）。不少针对企业的调查研究表明经济效益是影响企业节能减排的关键因素。例如刘莉等（2011）通过对重庆市17家重点用能企业进行研究，表明关于企业采取节能行为的动机，9家企业认为进行节能减排首要的原因是能增加企业的效益。邢璐等（2010）通过对120家工业企业的抽样调查，发现在企业节能减排的态度上，仅有18家企业认为节能减排对其长期发展有利，23家企业认为影响为中性，而大部分企业则认为有不利或严重不利影响。

二是体制机制因素。周宏春（2007）认为，由于能源价格未能如实反映资源的稀缺程度、供求关系和外部成本，导致一些地方热衷于发展高耗能的产业，在一定程度上还鼓励了奢侈、浪费型消费。对于中国企业的节能影响因素，Wang等（2008）指出，能源节约意识欠缺、技术和管理经验欠缺、融资困难或资金缺乏、有限的政策框架、研究人员或训练有素的人力资源欠缺、公共参与不足、数据和信息不充分、较高的投资风险、既得利益的反对、不合理的工业结构、战略规划的欠缺、合理生产技术的缺乏，以及激励支持不足等是当前中国存在的主要节能障碍因素。同时，节能治理体系不健全，节能相关政策的不够细化，缺乏实际情况的了解，也影响了企业节能。

三是企业自身因素。一般而言，企业节能投资（或引进新技术）仅存在有限的理性，环保理念的缺乏、其他更具利益诱导的投资机会的存在、在能源管理中缺乏权力等因素会造成能源问题被企业轻视或忽略。企业原有技术条件的限制和用能惯性、缺乏能源管理的人员和经验、缺乏考核激励等因素都是造成企业能源效率低下的重要原因（Rohdin等，2007；Chai和Yeo，

2012）。我国企业节能减排不力的主要原因是企业自身因素的影响，表现在认识上欠缺、实施节能减排的能力低下、企业间没有形成循环经济的网络（李玮，2011）。中小企业通常难以获得新技术的有关信息、充足的能效投资资本和技术支持，企业负责人的节能意识亦相对淡薄（赵晓丽和赵越，2012）。

2.3.2 生活部门的能源效率研究

与生产部门能源相比，生活部门的用能行为是一种较为纯粹的消费行为。国外对家庭能源消费的研究始于20世纪70年代，已经形成了一套较为完整的体系。国外主要是通过问卷调查、行为实验、统计数据分析和实证检验等方式研究家庭的能源消费行为及其影响因素。国内的研究起步较晚，直到近几年才开始对家庭能源消费进行研究。

（1）居民能源消费的研究方法

从居民能源消费的研究角度和出发点来看，现有的研究大体可分为两类，一类采用自上而下的分析框架，另一类采用自下而上的分析框架。自上而下的研究以宏观经济学分析方法为理论基础，而自下而上的研究则沿用了微观经济学的分析范式。

①自上而下的研究方法。

不少经济学家采用基于宏观经济数据的自上而下的分析模型预测居民部门总体能源需求、能源效率以及政策影响。宏观经济学计量方法以及效率研究的一般方法被广泛运用到居民部门的能源效率分析中。例如Levinson（2014）采用Oaxaca – Blinder因素分解模型检验了1963~2009年间美国加利福尼亚州人均电力消费量的下降是否应该归功于该州的能源效率政策，发现人均电力消费量的差异仅有12%的差异来源于不可观测变量，意味着能源效率政策对于人均电力消费量差异的作用不超过12%。罗光华和牛叔文（2012）基于 1995~2007 年中国各省数据和固定效应的变系数面板数据模型，比较了收入增长与气候变化对居民生活能源消耗的影响，发现收入增长引起的各地区生活能耗的变化明显高于因气候变化引起的能耗变化。张欢和成金华（2011）、岳婷和龙如银（2013）则分别运用 VAR 模型和 SVAR 模型分析了我国居民人均生活用能量与能源价格和收入之间的关系。还有学者运用多方程、多变量、多关系的复杂结构模型对居民部门的消费进行预测和分析，已经建立了区域、国家和地区分析模型（例如 Utley 和 Shorrock，2008；Mitchell 等，2009）。生产部门能源效率研究的一般方法即 DEA 和 SFA 方法也被国外学者运用到了居民部门的能源效率分析中（Grosche，2009；Filippini 等，2012；2014）。

②自下而上的研究方法。

自上而下的分析方法虽然能够有效利用宏观数据并提供较为满意的总量分析，但是在分析中把所有区域、家庭视作同质单元，不能体现个体特征的影响（Murphy 和 Jaccard，2011；Zhang 等，2012）。因此，一些学者更偏好从个体和家庭出发的自下而上的分析方法。不少研究从需求弹性的角度分析能源效率政策的有效性（Berkhout 等，2004；Panzone，2013）。例如，Berkhout 等（2004）利用 1000 个家庭的天然气消费数据和 1500 个家庭的电力消费数据对荷兰 1996 年开始实施的能源税的影响进行评估，其研究结果显示，能源税每年平均减少了荷兰家庭 8% 的电力需求和 4.4% 的燃气需求；与此同时，电力和天然气的需求价格弹性差异很大，对这两种能源应当制定不同的调节政策。Panzone（2013）研究了英国居民对冰箱、洗衣机、电视和电灯泡的消费数据，发现居民在这四种商品的选择倾向上差异较大，在冰箱和电灯泡上更愿意进行能效投资。自下而上的家庭能源消费研究的另一个热点在于间接能源消费（蕴含在产品上的能耗）的测算，将消费品的需求和生产相联系，并追踪某一产品"生命周期"的完全能源消耗（Bin 和 Dowlatabadi，2005；Murphy 和 Jaccard，2011；Elsland 等，2014）。但国内尚未建立起真正的完全能源消耗模型，在分析间接影响时采用了与八类消费类别有直接关系的产业能源强度加权平均值作为替代，未能反映出消费与生产网络之间真正的关系（陆莹莹和赵旭，2008；方齐云等，2013）。

（2）居民部门能源利用效率的测度

目前对居民部门能源利用效率的测度还没有形成统一的规范。居民或家庭能源利用效率术语在使用中通常还停留在物理技术的概念上（ODYSSEE，2015），欧盟 ODYSSEE 数据库对 1990～2012 年期间欧洲 28 个国家不同部门的能源消耗动向、能源效率进行了较为系统的统计；其中，对居民部门能源利用效率指标选取了 11 个最终用途或设备，包括空间加热、水加热、炊事、六大家电、照明和其他小家电等，并根据住房面积变更、气候变化、集中供热比例、混合燃料变化和家庭大家电数进行调整。Grösche（2009）、Filippini 和 Hunt（2012，2014）基于家庭能源消费是一种家庭服务生产过程的思想，通过构造家庭生产函数分别采用 DEA 和 SFA 方法测算了居民的综合能源利用效率。Grösche（2009）利用 1997 年和 2001 年美国的独居家庭调查数据，以能源作为投入、家电设备的拥有量作为能源服务需求的代理变量构建家庭生产函数，并采用 DEA 方法测算了这些家庭的能源利用效率。Filippini 和 Hunt（2012，2014）以能源价格、人口、收入、气候等作为解释变量而能源消费作为被解释变量的投入需求函数，并利用 SFA 方法分别测算了美国 48 个州和欧盟诸国的潜在能源利用效率。但这些指标的计算较为复杂，并没有得到广泛的应用，我国的数据条件客观上也难以支持上述指标的构建。

我国学者使用频率最高的是单位 GDP 生活用能、居民人均、户均能源消费量指标（如陈迅和袁海蔚，2008；王妍和石敏俊，2009；罗光华和牛叔文，2012；邹艳芬，2012；李博和李清彬，2013；万文玉等，2016）。例如陈迅和袁海蔚（2008）在对生活能源消费行为的研究中选取了单位 GDP 生活用能作为"居民生活能源消费强度"的度量指标；邹艳芬（2012）对中国能源利用效率统计指标的研究中，选取了居民家庭人均生活能源消费、户均生活能源消费、户均单位可支配收入生活能源消费、户均电力消费强度、单位居民建筑物能耗、单位居民建筑面积能耗 6 个指标，认为应该以人均或户均指标作为主要考察对象。本书对居民能源利用效率的理解是能源消费的效用和福利最大化，单位 GDP 生活用能类似于恩格尔系数体现了居民的生活水平和福利水平，因此单位 GDP 生活用能在一定程度上能够体现居民的能源效率，本书在中国能源强度的分解中采用了这一指标。出于对数据条件以及便于理解等综合考虑，本书在对居民能源效率影响因素的研究中选用了人均、户均指标作为考察对象。

（3）居民能源效率的影响因素

为了发现和验证居民能源效率的影响因素，经济学家、社会学家、心理学家等从不同学科角度对居民能源消费行为进行了研究（Crosbie，2006；Keirstead，2006；Fischer，2008）。国内外对居民能源消费影响因素研究主要利用多元回归的方法（Lenzen 等，2006；Filippini 等，2014；张欢和成金华，2011；岳婷和龙如银，2013），通过居民问卷调查、实验研究来获取一手信息和数据来分析居民能效行为特点（Amecke，2012；Hoicka 等，2014）。例如 Amecke（2012）在德国利用电子问卷和访谈的方式调查了住房能效证书政策对居民行为的影响，从购买者的评价中直接统计政策效果。Hoicka 等（2014）通过对比加拿大滑铁卢地区 1999~2011 年间开展的四种不同类型居民能源效率计划的数据来捕捉其行为特点。国内有一些学者和机构依据各自的研究目的对居民部门进行了调研（Feng 等，2010；Wang 等，2011；付剑超等，2012），但这些调查所能提供的信息十分有限，已有研究的调查范围都仅限于局部地区，调查的广度与深度参差不齐，缺乏全国范围内的权威普遍调查。目前，研究发现家庭能源消费的关键影响因素包括价格、收入、人口、气候、建筑环境、技术、文化、个体行为等（Parker，2003；Shove，2003；Wilson 和 Dowlatabadi，2007；Stephenson 等，2010）。从当前已有的研究来看，影响居民家庭消费的因素可以分为以下几类（如表 2-3 所示）。

一是宏观经济因素。经济因素，主要包括家庭收入和能源价格，是影响居民消费能力和消费意愿的最基本因素。家庭收入决定了居民的消费能力，现有研究较为支持以下三个结论（Berkhout 等，2004；Lenzen 等，2006；罗光华和牛叔文，2012）：家庭能源消费随收入的增长而增长，但增长速度低于收入；家庭能源消费与收入呈正相关，收入高的家庭消耗更多能源；低收入家庭更倾向于通过削减行为来节能，而高收入家庭则倾向于通过能效投资来节能。此外，能源价格决定了居民能源消费的成本，是影响居民能源消费量的重要因素，但作用有限，且对不同群体、不同类型能源的消费的影响差异较大。

二是家庭特征和人口统计因素。已有的家庭能源消费行为研究指出了多种可能产生影响的家庭特征，如家庭规模、居住模式、人口结构、家庭主要成员的年龄、性别、受教育水平、婚姻状况、职业等。例如 Lenzen 等（2006）的研究表明家庭规模以及家庭主要成员的年龄与家庭能源消费需求呈同向相关关系；

Filippini 等（2014）对欧盟的研究结果认为人口增长是家庭能源消费上升的重要原因。而我国正处于城镇化加速发展时期，流动人口规模大，人口的城乡分布、受教育程度等是影响居民家庭能耗的重要原因（秦翔，2013）。

三是消费理念因素和习惯。社会心理学的相关研究认为价值观、态度、主观规范、责任感等心理变量以及习惯是影响居民能源行为的重要因素。但由于心理变量和习惯在观测和度量上的困难，不同研究对于这些变量的影响，目前还没有达成共识，甚至给出了相反的结论。Abrahamse 等（2009）对荷兰 189 户家庭的跟踪监控结果显示，态度、主观规范和感知行为的控制等心理因素对居民能源节约行为的解释力较强。消费者环境理念和倾向对节能行为也会产生影响，其中大众环保理念与节能行为正相关（Gadenne 等，2011）。也有研究得出完全相反的结论，如 Vringer 等（2007）基于对荷兰 2304 户家庭的调查数据研究了价值观、节能动机和对气候变化的看法对家庭能源行为的影响，发现不同价值观模式下家庭能源消费没有显著差异。

四是宣传教育和信息反馈。宣传教育通过增加知识和改变认知促进居民的节能行为。相关研究还认为只有与居民能源消费直接相关的知识和技能才有利于居民能源消费行为的改善和落实（Steg，2008）。信息反馈是指通过对能源消费情况的记录、反馈和提示来帮助居民更好地了解自身的能源消费状况，从而发挥提醒并引导居民减少能源浪费和提高用能效率的作用。Egmond 等（2005）通过对荷兰 234 个家庭协会的调查研究表明，信息反馈有利于家庭协会的节能投资，同行组织和官方的反馈对家庭协会的能源消费行为都具有显著影响。Martiskainen 和 Coburn（2011）对英国居民能源消费行为的研究也持相同观点，其指出连续的反馈能够提高居民的节能意识；依据不同的具体措施，平均而言，用能信息反馈可以产生 5%～15% 的能源节约。郭琪（2008）指出公众自身因素以及行为工具会通过影响行为主体的偏好而改变能源消费的无差异曲线，而政府的政策引导则会通过改变节能行为的相对价格优势或行为主体的经济能力预算线引导公众节能行为取向。

表 2-3　　　　居民家庭消费的影响因素

类型	参考文献	影响因素
宏观经济因素	Lenzen 等，2006；罗光华和牛叔文，2012	家庭收入
	H. G. Berkhout 等，2004；张欢和成金华，2011	能源价格
家庭特征和人口统计因素	Lenzen 等，2006；Filippini 等，2014；秦翊等，2013	家庭规模、家庭结构（是否有老人或儿童等）、居住模式、居住者年龄、性别、受教育水平、婚姻状况、职业等
消费理念因素与习惯	Vringer 等，2007；Abrahamse 等，2009；Gadenne 等，2011	态度、价值观、主观规范和责任感等
宣传教育与信息反馈	Sardianou, 2005；Steg, 2008	宣传教育
	C. Egmond 等，2005；Martiskainen 和 Coburn，2011	信息反馈

在所有影响中国消费者绿色购买行为的因素中，环保理念发挥着直接的作用（Chan, 2001; Feng 等，2010; Wang 等，2011）。由于我国地区居民的生活状态差异较大，各个地区的家庭节能影响因素也存在差异，学者们对不同地区进行了调研。Feng 等（2010）对辽宁省家庭电力消费意识的调查研究指出，

居民电力消费的整体节能意识和知识是欠缺的，仅有2%的受访者有意获取关于节能和能源效率的信息和宣传册，或者描述能够提高能效和减少电力使用的方法；而超过90%的人认为较之环境保护或其他原因，成本才是省电的关键因素。Wang等（2011）通过对北京市居民消费意愿和行为特征的研究来探讨家庭减少电力消费的可能性，结果发现经济收益、政策和社会规范、过去经验对于家庭省电行为具有积极的促进作用；而由于政策确保北京电力供应，相比其他地区，北京居民的电力短缺意识并不强烈。

2.3.3 对当前国内外研究的评价

总体上看，国内外对能源利用效率问题的研究已经取得了不少成果，其研究的角度、方法和侧重点各异，为后续生产部门和生活部门的能源效率研究奠定了较好的基础。国内研究集中于生产领域，近几年才开始关注生活领域。国内对生产领域能源利用效率影响因素的研究虽然相对较多，但对生产领域提高能源利用效率的激励机制还缺少深入研究。通过对现有研究的回顾，本书认为现有研究的不足主要体现在以下方面：

首先，国内外考虑能源消费的二重性，着眼于生产性和生活性两部门能源利用的研究很少。国内外现有的研究大多只关注其中一个方面，对生产部门的研究和对生活部门的研究相互割裂，对生产部门的研究偏重宏观视角，对生活部门的研究则偏重微观视角，没有形成规范统一的分析框架。

其次，由于生活能源消费比重不高，而且增长相对稳定，以往的研究没有过多关注该领域。事实上，随着城镇化进程逐步推进，3亿~4亿农民将成为城市居民，生活领域能源消费将会有较大幅度提高。因此，有必要对生活部门能源消费进行深入研究。从现有对生活部门能源消费、能源利用效率研究的文献来看，我们认为从消费主体的行为特征的视角去研究用能行为、节能产品推广等问题，更能提出合适的激励方式，改善生活部门的能源利用效率。

最后，正如一些学者指出的那样，在对部门、产业能源利用效率影响因素的实证检验中，对影响因素的选取较为随意，未能联系市场主体的行为特点，理论依据不足，导致对于最根本影响因素仍缺乏深入的分析和统一的结论，各种变量之间甚至互为因果关系，影响机制也并不清晰。

第3章 中国能源利用效率的变动

3.1 中国能源利用效率总体评价与比较

3.1.1 中国能源利用效率变化趋势

1978年以来，我国能源利用效率在小幅波动中不断提升，反映能源利用效率的单位GDP综合能耗指标大致呈现出一个N形的走势，如图3-1所示。1978~2015年单位GDP综合能耗（2005年不变价）从3.74吨标准煤/万元下降为0.93吨标准煤/万元，下降幅度约为75%。能源利用效率的提高极大地节约了能源，如果按照1978年的单位GDP综合能耗计算，达到2015年的产值将需要消耗超过160亿吨标准煤。根据测算，因能源效率提高而产生的能源节约量高达 120 亿吨左右标准煤，大致相当于 2015 年能源消费总量的 2.8 倍。也就是说，如果没有能源利用效率的提高，要支持当前规模的经济总量所需的能源将为当前能源消费水平的 4 倍。

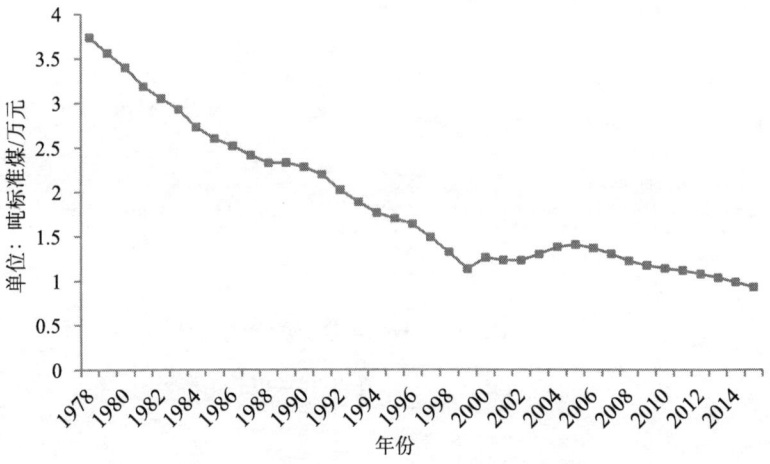

图 3 - 1　改革开放以来单位 GDP 能耗走势

注：GDP 为采用 GDP 平减指数消除价格影响后的真实 GDP，以 2005 年为基期。

从图 3 - 1 和图 3 - 2 中可以看出，1978 年以来，我国能源利用效率的发展趋势可以分为三个阶段。1978～1999 年间，为我国单位 GDP 能耗持续下降时期，二十年间单位 GDP 能耗几乎呈直线下降趋势，累计下降幅度约为 70%（相当于能源效率提高幅度），1998～1999 年间的年平均下降速度甚至高达 10% 以上。然而，能源强度下降的趋势在"九五"末期却突然出现了逆转。2000～2005 年间，由于钢铁等高耗能产业的扩张，能源消耗迅速增长，并逐步超过了同期国内生产总值的增长速度，单位 GDP 能耗呈现出明显的上升趋势。这一时期，由于高耗能产业过度发展,拉低了我国的综合能源利用效率,给经济的健康发展和资源环境保护带来很大的压力。"十一五"期间,在政府的高度重视下,我国单位 GDP 能耗持续下降。2010 年单位 GDP 能源消耗比"十五"期末降低了 19%,实现了"十一五"时期的能源效率目标。2006~2015 年,单位 GDP 能耗累计下降的幅度超过了 30%。近年来在政府的引导下,能源利用效率得到了不断提升,为保障能源安全以及保持经济平稳较快发展提供了支撑。

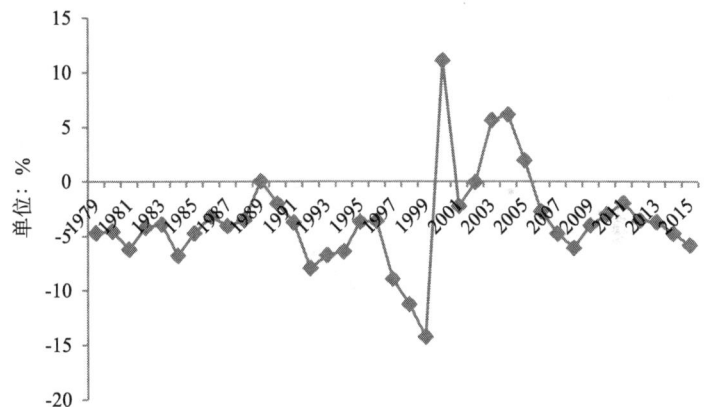

图 3-2 改革开放以来单位 GDP 能耗的变化率

从以上分析可知,我国能源强度总体上呈现出逐渐下降的趋势。我国能源利用效率提高所带来的能源节约效果十分显著,图 3-3 反映了 1980 年以来不同经济发展时期能源利用效率提高所产生的能源节约效果。可以看出,"八五"时期以后,随着经济总量的扩大,能源效率提高的节能效果越发明显。"八五"和"九五"期间,由于能源利用效率提高所节约的用能量都在 5 亿吨标准煤上下。然而,"十五"期间却因能源利用效率的下降而导致了超额能源消费。此后,在国家"十一五""十二五"能源规划的引导下,能源利用效率大幅提高。"十一五"末期较之前一个五年计划末期,实现能源节约 8.5 亿吨标准煤。近年来,能源利用效率持续改善,2011~2015 年能源强度从 1.12 吨标准煤/万元下降到了 0.93 吨标准煤/万元,实现能源节约 9.7 亿吨标准煤。

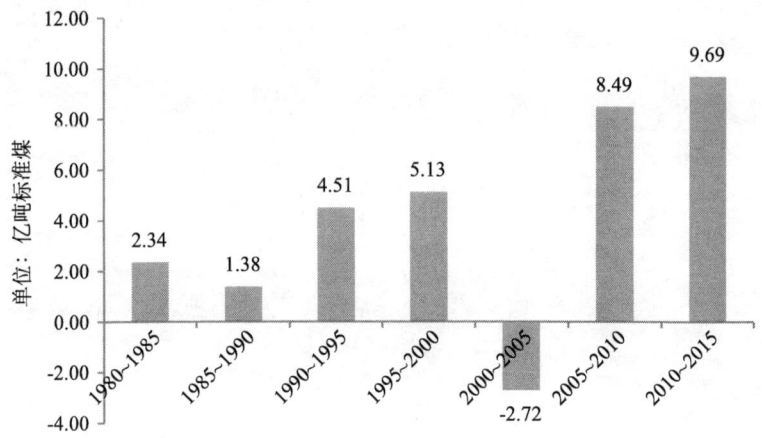

图 3-3　1980~2015 年间分时期能源节约量

3.1.2　国内外能源效率比较

(1) 能源效率水平国际比较

过去三十多年,我国在能源利用效率方面取得了显著成效,但与发达国家相比仍然存在较大的差距,还有进一步提升的空间。在进行国际比较时,有两种能源效率的计算方法,一种是按照汇率法计算,另一种是按照购买力平价计算,分别如图 3-4 和图 3-5 所示。按照汇率法计算,我国当前的能源强度为世界平均水平的 2 倍多,能源利用效率远低于发达国家,位于世界最低水平之列。虽然汇率法对我国的能源效率可能存在低估，但即便按购买力平价计算（世界银行较为推荐该方法），我国的能源利用效率水平依然较为落后。2015 年，我国的能源强度为 0.16 千克标准油当量/美元（2010 年不变价购买力平价），较 2000 年下降了 25.57%。近年来，在世界各国能源强度普遍下降的背景下，我国能源强度的下降速度虽高于同期世界平均值（18.01%）；然而，由于初始能耗水平过高，与发达国家相比，我国的能源利用效率仍存在较大差距，远高于英国、德国、日本、美国等国家，是英国的 2.4 倍，德国的 2 倍，日本的 1.9 倍，美国的 1.5 倍，世界平均水平的 1.4 倍。如果我国的能源效率达到世界平均水平，相等产出所消耗的能源将仅为当前能耗总量的 70% 左右。可见，我国仍然存在较大的能源效率提升空间和节能降耗的潜力。

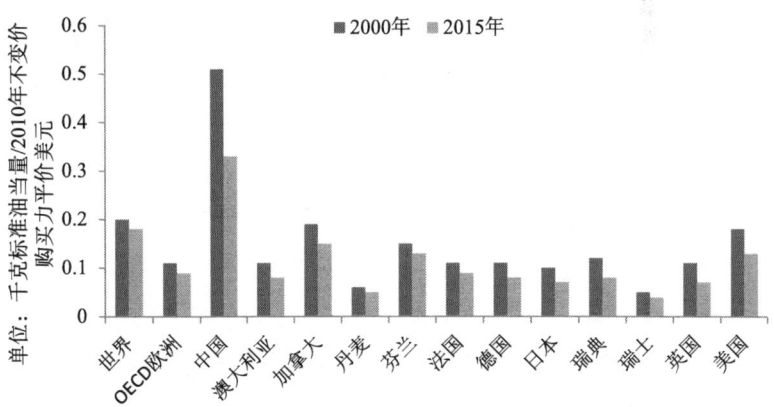

图 3-4　国内外单位 GDP 能耗的变化对比（按汇率法计算）

资料来源：IEA 数据库。

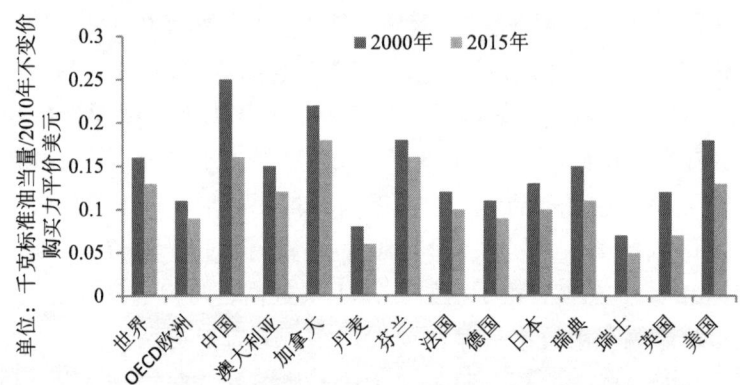

图 3-5 国内外单位 GDP 能耗的变化对比（按购买力平价计算）

对能源消费增长效率进行国际比较，可以采用能源利用效率弹性指数，即能源消费每增长 1% 的经济增长率（能源消费弹性的倒数）。1980~2000 年，我国的能源利用边际效率处于较高的水平，与美国相当，高于日本、韩国等发达国家和新兴工业化国家以及与我国类似的发展中国家印度（史丹等，2011）。2000 年以来，如图 3-6 所示，美国、英国、日本等发达国家的能源利用弹性效率均有较大的改善，甚至出现了能源消费与经济增长反向变动的负弹性现象，但是我国的能源利用边际效率却停滞不前，还出现了一定的倒退现象，在 2000~2005 年之间甚至出现了大幅下降。

从我国当前的能源利用效率以及边际能源利用效率弹性上看，离国际先进水平有较大的距离，存在较大的能源效率提升空间。我国的能源消费总量巨大，且增长速度较快，提高能源利用效率成为我国经济增长过程中应对资源环境约束的必然选择。据 BP 数据显示，2015 年我国一次能源消费为 30.14 亿吨油当量，接近全世界一次能源消费总量的 1/4，是世界第一大能源消费

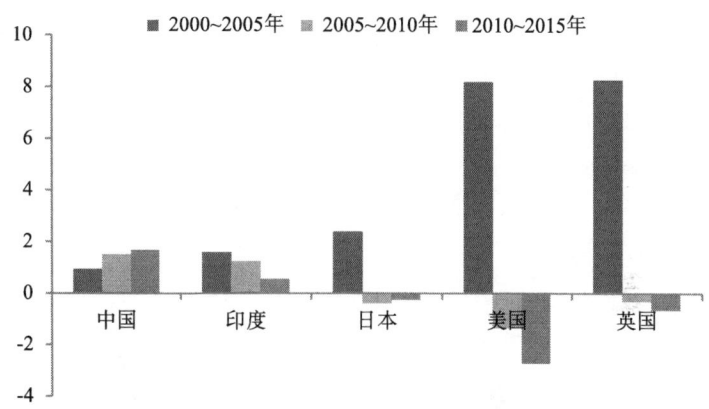

图 3-6 国内外能源利用效率弹性

国,能源消费增量占世界能源消费净增长量的61%。过去十年中,我国能源消费的平均增长率高达6.6%,远高于2.1%的世界平均水平。尽管近年来能源消费增长的速度有放缓的趋势,但要满足我国巨大的能源消费总量及增量依然是不小的挑战。最为有效的途径便是充分发掘我国的能源利用效率潜力,尽快向国际先进水平靠拢。

(2) 不同部门能源效率国际比较

从不同部门的能源消费情况看(见图3-7),我国能源消费部门结构与发达国家存在较大差异。其中,中国居民部门能源消费占终端能源消费的比重比欧盟国家低6%。同时,我国生产部门内部的能源消费结构与发达国家相差较大:工业部门是我国最大的能源消费部门,工业能源消费占终端能源消费的比重接近欧盟国家的2倍;交通运输业和商业及公共服务业的能源消费比重则远低于欧盟国家。这是由产业结构差异所决定的,发达国家的产业结构呈三、二、一递减的局面,第三产业占据绝对优势地位;而在我国,工业增加值占GDP总额的近四成,且重工业占比较高，造成我国能源强度偏高。联合国工业发展组织《2011年工业发展报告》中指出，发展中国家与发达国家能源消耗差异的重要原因之一是，发展中国家工业能源消耗比重每年增长0.6%，而发达国家则每年下降0.7%。我国能源利用效率与国际先进水平的差距是由部门结构差异以及不同部门的能源利用效率差异共同造成的。

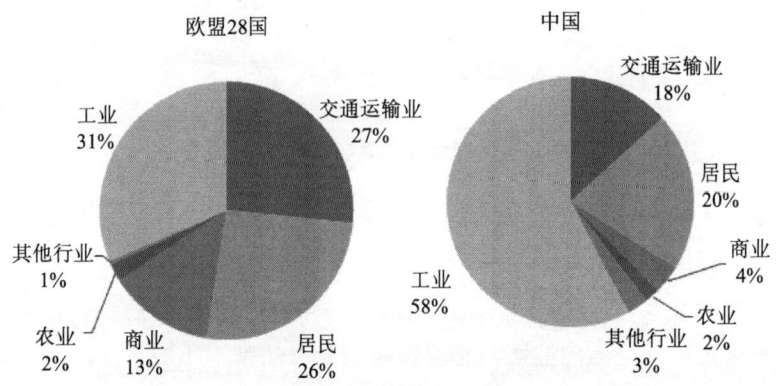

图3-7　分部门终端用能结构的国际比较（2013年）

注：数据来自IEA，与中国的统计口径存在较大差异，例如IEA终端电力消费中不含能源部门自用电量而我国将能源部门自用电量放在工业终端用电中，因此不宜与来自国家统计局的数据直接进行比较。

从生产部门不同产业的能源强度看（见图3-8），中国工业部门的能源强度远高于国际领先水平，约为英国的3倍，日本的2倍，存在较大的能源效率提升空间；农林牧渔业的能源强度较低，这与我国农业生产方式传统、机械化水平较低有关；其他行业的能源强度亦大幅高于英国和日本，能源效率有待提升。目前，我国钢铁、水泥等高能耗工业产品的单位产品能耗比国际先进水平高10%~20%。以钢铁行业为例，据煤炭资源网数据显

第3章 中国能源利用效率的变动

示,2013年中国的粗钢和生铁产量分别达到了8.1亿吨和7.1亿吨,约为2003年的4倍,是世界唯一的粗钢和生铁产量超过3亿吨的国家。然而,产量与收益严重脱钩、过剩的低端产能等已成为中国钢铁行业的顽疾。2008年金融危机以来钢铁行业基本处于亏损状态,最低时钢铁主业利润率不到1%,与其对资源和环境的消耗形成巨大反差①。中国生产部门的能源效率不尽如人意,特别是工业的能源效率低下(美国节能经济委员会,2014)②。

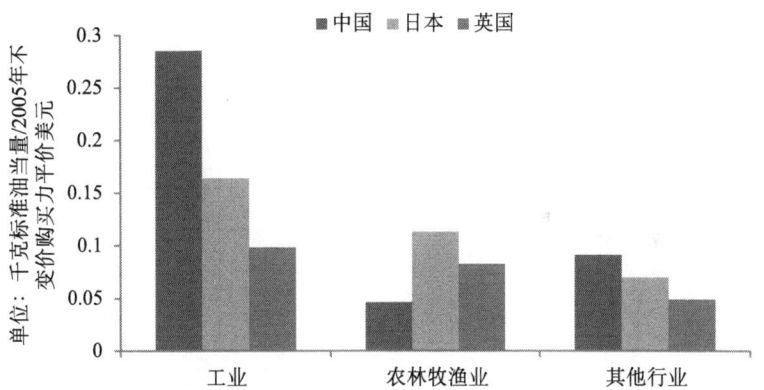

图3-8 不同产业能源强度的国际比较(2013年)

注:能源和GDP总额数据来自IEA,GDP采用2005年不变价购买力平价美元计量,分行业增加值通过增加值比重乘以GDP总额所得,增加值比重数据来自世界银行。

(3)产业结构效应和部门效率效应的差异

---

① 《中国钢铁行业低端过剩高端不足》,人民网,2013年7月4日,http://politics.people.com.cn/n/2013/0704/c70731-22075708.html。

② 美国节能经济委员会发布了《2014世界能源效率记分卡》,对包括中国在内的世界16大经济体的能源效率进行了比较。

尽管我国过去在节能降耗、提高能源效率方面取得了显著的成绩，但是距离世界先进水平仍有较大的差距。这种差异同时体现在产业结构和部门能源强度两个方面，可以通过产业结构调整以及提升各消费主体的能源利用效率来实现我国的能源效率潜力。下文定量估算了中国未来的能源效率潜力，并分别估算了产业结构和部门效率两个方面的潜力。将中国的部门能源强度与别国的产业结构相乘得出一个中国结构调整潜在的能源强度下降空间。中国实际能源强度和该强度之间的差额即为结构效应，而该强度和其他国家实际能源强度之间的差额即为效率效应。

具体而言，令 I_{cr} 表示中国实际能源强度，I_j 表示 j 国能源强度，W_{ij} 表示 j 国的 i 部门占 GDP 的比重，E_{ic} 表示中国 i 部门的实际能源强度，则中国结构调整的潜在能源强度 $I_{cf} = \sum_i W_{ij} E_{ic}$。中国与 j 国的能源强度差距为 $I_{cr} - I_j$，可以分解为结构效应 $I_{cr} - I_{cf}$ 和强度效应 $I_{cf} - I_j$ 两个部分。受数据可获得性限制，i 部门按照农林牧渔业、工业和其他产业进行划分。能源强度根据 IEA 公布的能源消费量数据和 GDP 数据（2005 年不变价购买力平价）以及世界银行公布的分行业增加值占比数据计算而得。

图 3-9 显示了 2013 年中国与其他国家的能源强度差值中的结构效应和效率效应。在所列举的 12 个国家中，除俄罗斯之外，其余国家的能源强度均低于中国，我国的能源强度不仅明显高于发达国家，甚至落后于某些发展中国家。与图 3-9 中的国家相比，中国能源强度的结构效应均为正值，说明我国的产业结构导致了能源强度偏高。通过产业结构优化调整，无疑将有利于促进我国能源强度下降。与其他国家相比（除俄罗斯），中国的效率潜力亦大于零，并且在能源效率潜力中的占比显著大于结构效应。因此，促进不同主体能源利用效率的提升是提高中国能源效率的根本途径。

第3章 中国能源利用效率的变动

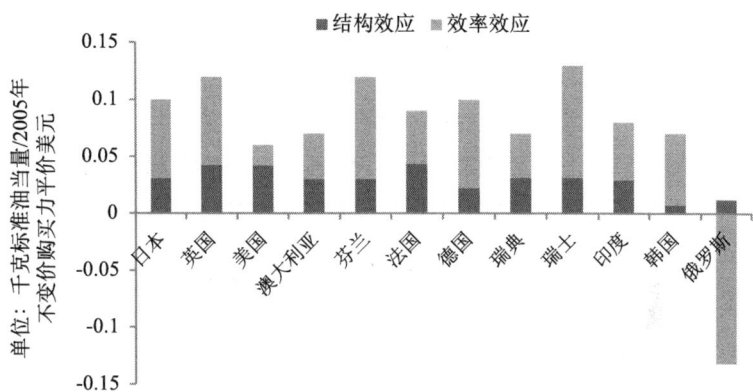

图 3-9 2013 年中国与其他国家的能源强度差距（潜力）

3.2 国内地区分部门能源效率的评价

国内各省市区在产业部门和居民部门的能源利用效率上存在着较大的不同。衡量能源效率地区差异的方法主要有变异系数法、基尼系数法、极差分析法、泰尔指数法等。变异系数是一种衡量离散程度的常用指标，具有不受测量尺度和量纲影响的优势，能够较好地衡量省市间的差异度。变异系数值越大表明数据的离散（区域差异）程度越大，反之则越小。变异系数的计算方法为标准差除以平均数。

由于能源强度是一种能源效率的单要素度量方法，对数据较为敏感。为尽可能减少能源效率自然波动、测量误差等因素对分析结果造成的影响，又反映能源效率的最新情况，本小节基于近十年（2010～2013年）能源强度的平均值进行分析。对2010～2013年产业部门和居民部门能源强度差异程度的计算结果如表3-1所示。从中可以看出，各地区在农业、工业、建筑业、交通运输业、批发零售业、其他行业和生活的能源强度上均存在不同程度的差异。从变异系数的大小可以判断各地区不同部门能源利用的差异程度。各地区在批发零售业的差异程度最大，变异系数超过了 0.9，农业、工业、建筑业和其他行业的能源强度也表现出较为明显的差距，交通运输业和生活部门的能源强度差距相对较小。

表 3-1　地区不同主体能源强度的标准差和变异系数

项目	农业	工业	建筑业	交通运输业	批发零售业	其他行业	生活
标准差	0.1851	0.7150	0.1000	0.5127	0.3684	0.0928	0.0417
变异系数	0.6207	0.5583	0.5164	0.3412	0.9154	0.6937	0.4649

3.2.1　生产部门能源强度的地区差异比较

（1）第一产业的地区能源强度差异比较

第一产业对自然环境的依赖性强，地域性特征如地形地貌、土壤成分、气候条件等都会直接影响农业生产，第一产业发展的区域不平衡较为突出，如表 3-2 所示。2010~2013 年，农业能源利用效率最高的广西壮族自治区能源强度仅为 0.08 吨标准煤/万元，不到能源强度最高省区的 1/10。农业能源利用效率最高的十大省区，能源强度平均值仅为 0.15 吨标准煤/万元；而农业能源利用效率最低的十大省区，能源强度平均值则高达 0.51 吨标准煤/万元，是能源利用效率最高十大省区均值的 3 倍多。全国农业能源利用效率最高、能源强度低于 0.15 吨标准煤/万元的省区有广西、江西、四川、安徽、吉林、山东。而全国农业能源强度最高，能源强度大于 0.5 吨标准煤/万元的省区包括天津、内蒙古、北京、上海、山西。

表3-2　　各省市区第一产业能源强度及排名

单位：吨标准煤/万元

排名	省市区	强度值	排名	省市区	强度值
1	广西	0.0752	16	辽宁	0.2211
2	江西	0.1099	17	陕西	0.2240
3	四川	0.1316	18	湖北	0.2668
4	安徽	0.1399	19	宁夏	0.3074
5	吉林	0.1479	20	湖南	0.3270
6	山东	0.1498	21	浙江	0.3275
7	河南	0.1538	22	黑龙江	0.3615
8	广东	0.1567	23	甘肃	0.3625
9	青海	0.1938	24	重庆	0.3867
10	福建	0.2008	25	新疆	0.4013
11	江苏	0.2023	26	天津	0.5248
12	云南	0.2040	27	内蒙古	0.5631
13	贵州	0.2115	28	北京	0.6304
14	海南	0.2155	29	上海	0.7364
15	河北	0.2195	30	山西	0.7948

我国农林牧渔业的能源强度在国际上处于较低的水平，在我国生产部门中农林牧渔业的能源强度亦相对较低。这主要与农业生产方式依靠人力，机械化水平较低有关。农业能源大部分来自农业机械能耗。一些学者发现农业机械化进程中，农业能源利用效率出现阶段性下降，农机总动力和农民家庭收入的增加、农村劳动力转移会降低农业的能源利用效率（昂小明等，2012）。农业机械化是现代农业的标志，而发展现代农业是提高我国农业生产力的重要途径，不少研究证实农业机械化发展对农业总产值的增长具有巨大的推动作用（宋山梅、于海龙，2008；李辉、钟

绵生，2010）。然而，农业能源消耗量与农业机械化程度存在较强的线性关系，农业机械化的推进会提高能源需求（吕小明等，2012）。机械化程度的高低影响到能源利用效率的前沿，因此有必要结合各省区的农业模式来评价其能源利用效率水平。以往的研究中经常使用农业机械总动力作为度量农业机械化程度的指标（宋山梅、于海龙，2008；李辉、钟绵生，2010；吕小明等，2012）。农业机械总动力数据可以从《中国统计年鉴》中获得。图 3-10 显示了各省市区农业机械化程度和农业能源利用效率的关系。从中可以看出，位于左下角的省区数目较多，即大多数省区的农业机械化程度和能源强度均不高。少数位于左上角的省区如上海、北京、山西等较之机械化程度相似的其他省区能源强度偏高。此外，少数农业大省如山东、河北、河南充分实现了农业机械的规模化利用，能源利用效率较高。

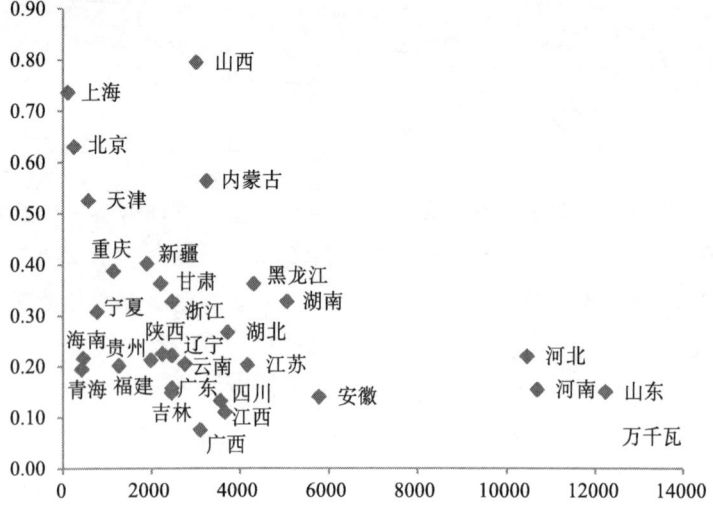

图 3-10　农业机械化程度和农业能源利用效率的关系

可以将各省区按照农业机械化程度的高低进行分类,如表3-3所示,并在此基础上确定不同类型省区的能源利用效率标杆,可能更符合实际。在机械化程度较低的省区中,能源利用效率的差异较大,大部分省区的能源强度偏高,该组不少省区的能源效率提升空间很大,如重庆、新疆、北京、上海。其中,青海和福建的能源强度最低(0.2 吨标准煤/万元左右),可以认为是效率标杆,而北京和上海的能源强度分别达到 0.6 吨标准煤/万元和 0.7 吨标准煤/万元,是标杆省区的 3 倍多。在中等机械化程度的省区中,能源利用效率的差异相当大,有能源强度最低的省区如广西、江西,也有能源强度最高的省区如山西、内蒙古。在机械化程度较高的省区中,能源利用效率情况较为乐观,除黑龙江和湖南的能源强度超过 0.3 吨标准煤/万元之外,其余省区的能源强度都低于 0.22 吨标准煤/万元,但相对于标杆省区安徽不到 0.14 吨标准煤/万元的能源强度,仍然存在改进空间。此外,由于能源强度是一种单要素效率衡量方式,未考虑劳动力、资本等其他要素的贡献作用。而在农业中能源和劳动力等要素的替代作用较大,能源强度方法对于农业能源效率的衡量存在高估、低估的可能。

表 3-3　　　　各省市区农业机械化程度分组

分类	临界值(万千瓦)	省区
低机械化	<2000	上海、北京、青海、海南、天津、宁夏、重庆、福建、新疆、贵州
中等机械化	2000~4000	甘肃、陕西、吉林、辽宁、广东、浙江、云南、山西、广西、内蒙古、四川、江西、湖北
高机械化	>4000	江苏、黑龙江、湖南、安徽、河北、河南、山东

(2) 第二产业的地区能源强度差异比较

第二产业是中国最大的能源消耗部门,能源消费量占全国能源消费总量的70%左右,全国煤炭消费量90%以上在第二产业消耗。第二产业的能源利用效率远低于国际先进水平,且国内地区能源效率的差异明显,是节能降耗的重点对象。2010~2013年,在第二产业中,中国工业和建筑业的变异系数分别为0.56和0.52。

中国工业的综合能源强度大幅高于建筑业以及生产部门的其他行业,工业地区差异的离散程度亦大于建筑业。表3-4中列出了我国各省市区2010~2013年平均工业能源强度值、排名及能源效率提升潜力,地区工业能源效率提升潜力巨大。全国工业能源利用效率最高、能源强度低于0.7吨标准煤/万元的省区有北京、广东、上海、浙江、天津、江苏、福建、黑龙江。而全国工业能源利用效率最低,能源强度大于1.5吨标准煤/万元的省区包括云南、河北、山西、海南、甘肃、贵州、新疆、青海、宁夏。可以看出,我国不同地域的工业能源效率差异明显,呈现出东、中、西部梯次递减的特征。工业能源利用效率最高的十大省区,能源强度平均值仅为0.64吨标准煤/万元;而工业能源利用效率最低的十大省区,能源强度平均值高达2.06吨标准煤/万元,是能源效率先进省区的3倍多。有11个省区的能源利用效率低于全国平均水平,工业能源利用效率最低的宁夏能源强度为3.7吨标准煤/万元,约为北京(能源利用效率最高)的8倍,能源强度的下降空间高达87.65%。

地区建筑业的能源利用效率同样也参差不齐,不少工业能源利用效率较高的省市区在建筑业能源利用效率上有待大幅改进。2010~2013年,建筑业能源利用效率最低的天津能源强度为0.42吨标准煤/万元,约为能源强度最低省区的14倍,能源强度的下降空间超过90%。建筑业能源利用效率最高的十大省区,

第 3 章 中国能源利用效率的变动

能源强度平均值仅为 0.09 吨标准煤/万元；而建筑业能源利用效率最低的十大省区，能源强度平均值则高达 0.31 吨标准煤/万元，能源强度的下降空间（即能源效率的提升空间）高达 70%。全国工业能源强度最低的十大省区中有 6 个同时是建筑业能源强度最低的省区，即江西、黑龙江、江苏、山东、广东和福建，但在排序上的差异较大。工业能源强度相对较低的浙江、上海、天津在建筑业能源强度的表现上则落入了全国 20 名以后。各省市区建筑业和工业的能源利用效率情况存在较大差异，二者虽然存在显著正向相关性，但相关系数仅为 0.307。

表 3-4 各省市区第二产业能源强度值、排名及降低能源强度的空间   单位：吨标准煤/万元

排名	工业			建筑业		
	省区	强度	潜力（%）	省区	强度	潜力（%）
1	北京	0.4567	—	广西	0.0323	—
2	广东	0.4623	1.21	江西	0.0357	9.52
3	上海	0.5156	11.42	黑龙江	0.0407	20.64
4	浙江	0.6128	25.47	江苏	0.0617	47.65
5	天津	0.6195	26.28	河南	0.0954	66.14
6	江苏	0.6625	31.06	山东	0.1119	71.13
7	福建	0.6905	33.86	安徽	0.1197	73.02
8	黑龙江	0.6979	34.56	广东	0.1263	74.43
9	山东	0.8363	45.39	福建	0.1421	77.27
10	江西	0.8555	46.62	四川	0.1436	77.51
11	河南	0.9130	49.98	辽宁	0.1470	78.03
12	安徽	1.0530	56.63	海南	0.1513	78.65
13	湖南	1.0687	57.27	重庆	0.1569	79.41
14	陕西	1.0914	58.15	吉林	0.1596	79.76

续表

排名	工业			建筑业		
	省区	强度	潜力（%）	省区	强度	潜力（%）
15	辽宁	1.1432	60.05	北京	0.1848	82.52
16	四川	1.1705	60.98	陕西	0.1877	82.79
17	广西	1.1909	61.65	新疆	0.1950	83.44
18	吉林	1.2381	63.11	青海	0.2042	84.18
19	湖北	1.2440	63.29	甘肃	0.2070	84.40
20	重庆	1.2847	64.45	浙江	0.2119	84.76
21	内蒙古	1.3051	65.01	云南	0.2433	86.72
22	云南	1.5360	70.27	河北	0.2462	86.88
23	河北	1.6744	72.72	贵州	0.2729	88.16
24	山西	1.7643	74.11	上海	0.2894	88.84
25	海南	1.8132	74.81	山西	0.3114	89.63
26	甘肃	1.9421	76.48	湖南	0.3127	89.67
27	贵州	1.9864	77.01	宁夏	0.3183	89.85
28	新疆	2.4174	81.11	湖北	0.3195	89.89
29	青海	2.4796	81.58	内蒙古	0.3629	91.10
30	宁夏	3.6988	87.65	天津	0.4193	92.30

（3）第三产业的地区能源强度差异比较

在第三产业中，地区批发零售业的能源利用效率差异最大，其他第三产业行业能源利用效率亦是良莠不齐，即能源利用效率改进潜力较大。交通运输业的地区能源利用效率差异较小。总体上，中西部第三产业欠发达省区的能源强度较高，能源利用效率相对落后。各省市区相对能源效率标杆省区第三产业的能源强度下降潜力及排名（升序）见表3-5。

批发零售业能源利用效率的标杆省区为江苏，该省2010~

2013年的平均能源强度仅为0.06吨标准煤/万元。全国其余各省市区相对于江苏的能源效率提升潜力均在50%以上。除江苏以外,地区能源利用效率排名前十的其他省区能源强度下降潜力达到了50%~70%。能源利用效率相对落后的省区,能源效率提升潜力甚至高达90%,如宁夏、湖北、山西、青海、内蒙古、贵州。江苏也是地区其他第三产业行业能源利用效率的标杆省区,2010~2013年平均能源强度仅略高于0.04吨标准煤/万元。广东的能源利用效率仅次于江苏,能源强度亦不到0.05吨标准煤/万元。此外,浙江和河南的能源效率较高,能源强度下降潜力分别为18%和29%,其余省区的能源强度下降空间均超过了30%。全国50%的省市区能源强度下降空间在60%以上,其中宁夏、内蒙古、青海、贵州更是达到了80%以上。交通运输业的情况与批发零售业和其他第三产业行业差别较大。河北批发零售业和其他第三产业行业的能源利用效率不理想,但该省交通运输业在2010~2013年间平均能源强度为0.7吨标准煤/万元,在全国各省市区中最低。而江苏省交通运输业的能源效率潜力约为30%。全国2/3左右的省市区能源强度下降空间在30%以上,约一半的省市区能源强度下降空间超过50%。

表3-5 各省市区第三产业能源强度下降潜力及排名

排名	交通运输业		批发零售业		其他第三产业	
	省区	潜力(%)	省区	潜力(%)	省区	潜力(%)
1	河北	—	江苏	—	江苏	—
2	江西	20.54	福建	53.28	广东	1.54
3	天津	24.64	辽宁	55.09	浙江	17.80
4	福建	24.69	江西	61.70	河南	28.66
5	河南	25.14	安徽	65.34	云南	33.43

续表

排名	交通运输业		批发零售业		其他第三产业	
	省区	潜力（%）	省区	潜力（%）	省区	潜力（%）
6	安徽	27.86	海南	66.15	安徽	33.83
7	江苏	29.83	广西	66.34	广西	36.00
8	浙江	37.91	广东	68.94	江西	38.29
9	黑龙江	41.06	河南	69.19	福建	38.63
10	山东	41.30	浙江	70.33	甘肃	47.42
11	吉林	42.23	天津	71.00	湖南	48.68
12	重庆	46.75	重庆	72.66	重庆	49.49
13	四川	46.83	北京	75.43	湖北	52.69
14	广东	52.07	甘肃	76.14	上海	55.77
15	湖南	52.19	河北	76.21	四川	60.53
16	北京	52.81	上海	76.85	新疆	61.28
17	山西	53.73	吉林	77.96	辽宁	61.94
18	甘肃	54.39	云南	79.45	山东	62.16
19	辽宁	55.16	山东	80.86	天津	62.57
20	内蒙古	55.28	陕西	86.41	河北	64.89
21	广西	57.15	四川	87.29	黑龙江	67.75
22	上海	58.25	湖南	88.94	北京	68.14
23	陕西	63.23	新疆	89.13	陕西	70.93
24	青海	64.63	黑龙江	89.25	海南	70.98
25	宁夏	64.91	宁夏	90.24	吉林	71.95
26	湖北	64.98	湖北	90.47	山西	76.53
27	海南	66.57	山西	90.56	宁夏	82.23
28	新疆	68.85	青海	91.80	内蒙古	83.93
29	贵州	72.11	内蒙古	95.53	青海	88.35
30	云南	75.22	贵州	96.72	贵州	89.64

3.2.2 生活部门能源强度的地区差异比较

居民能源消费已经成为全球能源需求增长和碳排放增长的重要来源。我国居民部门能源消费约占全国终端能源消费总量的11%。居民部门是中国主要的能源消费部门之一，并且随着工业化和城镇化的推进居民能源消费的规模还将不断上升。1995年以来，除重庆和海南以外，其余省区的居民部门能耗变动均发挥了节能降耗的作用。可见，提高居民部门的能源效率对改善全国综合能源利用效率具有重大意义。

各地区单位GDP生活用能的差异程度较生产部门相对较小。各省市区2010~2013年平均生活用能能源强度及排名如表3-6所示。全国单位GDP生活用能最低的十大省区分别为江苏、上海、福建、浙江、海南、江西、广东、山东、广西、安徽，其中前6个省区的单位GDP生活用能均低于0.05吨标准煤/万元，江苏的单位GDP生活用能最低仅为0.03吨标准煤/万元。全国共有12个省区的单位GDP生活用能超过了全国平均值，即单位GDP生活用能在0.09吨标准煤/万元以上，主要是中西部地区经济发展相对滞后的省区。其中，单位GDP生活用能偏高超过0.1吨标准煤/万元单位的省区共有8个，分别为陕西、宁夏、甘肃、山西、黑龙江、青海、内蒙古、新疆、贵州，主要是中西部经济欠发达省区。GDP生活用能实际上体现了居民部门能源消费支出的倾向，恩格尔定律表明随着收入的增加必需品支出占消费总支出的比例是下降的，这就解释了为何表3-6中单位GDP生活用能最低的地区大都是经济发展水平较高的地区，而单位GDP生活用能最高的地区大都是经济欠发达省区。

表 3-6　　各省市区生活用能能源强度及排名

单位：吨标准煤/万元

排名	省区	强度	排名	省区	强度
1	江苏	0.0323	16	北京	0.0808
2	上海	0.0426	17	吉林	0.0837
3	福建	0.0442	18	辽宁	0.0861
4	浙江	0.0461	19	四川	0.0915
5	海南	0.0472	20	河北	0.0932
6	江西	0.0494	21	湖南	0.0972
7	广东	0.0502	22	陕西	0.1120
8	山东	0.0541	23	宁夏	0.1134
9	广西	0.0599	24	甘肃	0.1369
10	安徽	0.0628	25	山西	0.1414
11	天津	0.0677	26	黑龙江	0.1427
12	河南	0.0688	27	青海	0.1580
13	湖北	0.0726	28	内蒙古	0.1587
14	重庆	0.0761	29	新疆	0.1620
15	云南	0.0792	30	贵州	0.1785

居民生活能源的消费需求来自烧水、做饭、照明、取暖、娱乐、出行等一系列日常活动用能。各地区居民人均用能的多寡受到气候、人口、生活方式、社会文化、家庭收入、能源价格等诸多因素的影响。例如在其他条件同等的情况下，气候严寒和酷暑地区居民的季节性供暖和降温需求将高于气候温和地区，即会消费更多能源。因此，类似于农业，不能苛求所有省区的居民生活用能能源强度降到一致的水平。但已有研究显示，我国居民部门节能降耗空间较大，居民节能意识较弱，能源效率有待提升。

3.3 中国能源效率变动的因素分解

各部门的能源利用效率共同决定了中国能源的综合利用效率。我国各部门的能耗强度与单位 GDP 能耗的关系如图 3-11 所示。从中可以看出，中国总体能源强度的变化趋势与农林牧渔业、建筑业、交通运输仓储和邮政业（以下简称为交通运输业）、批发零售业和住宿餐饮业（以下简称为批发零售业）、其他第三产业（简称为其他行业）及单位 GDP 生活能耗的趋势存在一致性，尤其与工业部门的能源强度变化趋势较为吻合，存在高度关联性。为了进一步验证观察结论，下文将利用因素分解法探寻中国能源强度变化的原因。

3.3.1 因素分解模型与数据

分析能源效率或能源强度影响因素的方法主要包括两类，一类是因素分解方法，另一类是计量经济学方法。因素分解方法具有使用便利以及适用范围广等优点，在研究中得到了广泛的应用。因素分解的方法有十几种，应用最为普遍的主要为拉氏（Laspeyres）指数和迪氏（Divisia）指数及其衍生指数。相关研究证明拉氏指数和迪氏指数的分解结果相差甚微，可以任意选择其中一种分解方法（呙小明，2012）。不少学者采用因素分解的思路分析中国能源效率变动的原因（如韩智勇等，2004；高振宇和王益，2007；李力和王凤，2008）。

以往的研究将关注的重点放在生产领域，不少研究选择性地忽略生活部门的影响，或是将生活能源消费并入其他行业。例如，韩智勇等（2004）从三次产业划分的角度，将 1980~2000

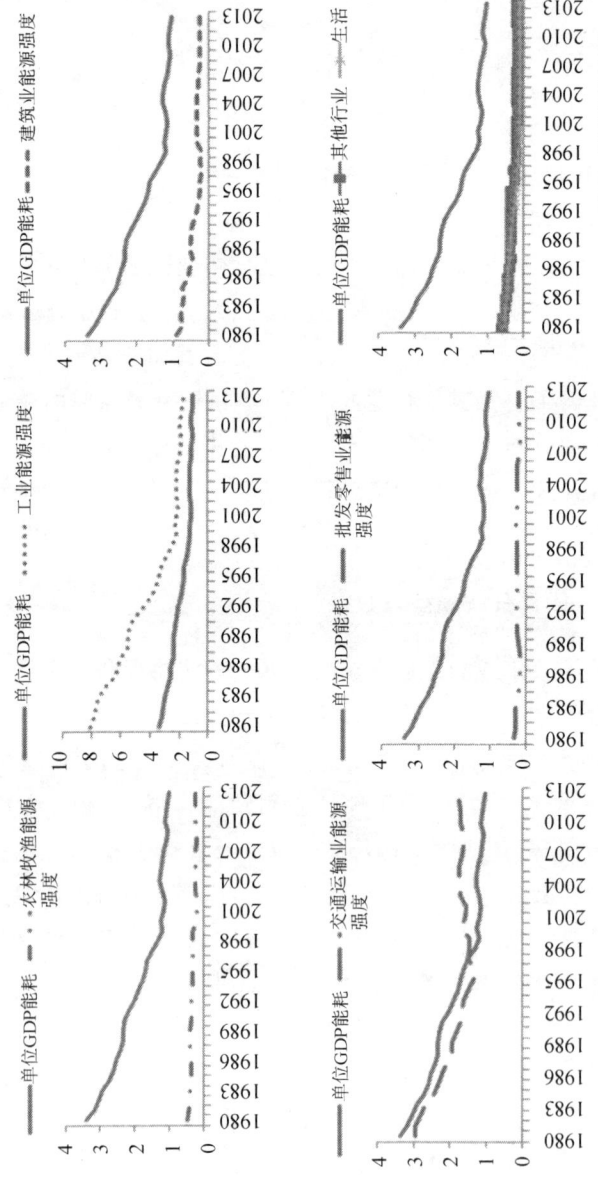

图 3-11 单位 GDP 能耗与各行业能源强度及单位 GDP 生活能耗的关系

年中国单位 GDP 能耗的变动分解为结构变化和技术进步；高振宇和王益（2007）基于对数平均迪氏指数方法将我国 1980~2005 年的能源强度分解为产出效应、效率效应和结构效应，发现效率效应和六部门结构变动对能源效率有正向影响，效率效应是主要的影响因素；齐绍洲和李锴（2010）为了研究各地区不同产业部门单位 GDP 能耗的变动趋势，在对其他行业能源强度的计算中将生活能源消费归入其他行业的能源消费。本书将生活部门用能纳入分解模型之中，利用完全分解的改进的拉氏指数分解法分析了 1980 年以来生产和生活部门对中国能源强度的影响。

与此同时，我们也考虑空间效应对能源效率的影响。中国区域能源利用效率参差不齐，各省区能源强度差异显著。从各省区 2000~2013 年历年平均单位产值能耗看，能源利用效率最高（即能源强度最低）的十大省区平均单位产值能耗为 0.61 吨标准煤/万元，不到能源利用效率最低的十大省区平均能源强度的一半。东部沿海经济发展水平较高的省区，如北京、上海、广东、江苏、浙江、福建等能源利用效率最为领先，而宁夏、贵州、青海、甘肃、新疆、云南等西部省区的能源利用效率则最为落后。中国的区域能源强度总体上呈现出东、中、西部梯次递增的特点。2013 年最新数据显示，能源效率最高的广东终端能源强度仅为 0.34 吨标准煤/万元，而效率最低的宁夏能源强度则高达 1.96 吨标准煤/万元，是广东的近 6 倍；能源效率最高的十大省区单位产值平均能耗仅为 0.45 吨标准煤/万元，而能源效率最低的十大省区单位产值平均能耗却高达 1.22 吨标准煤/万元，约为十大领先省区均值的 3 倍，能源利用效率不平衡的状况较为严峻。各省区在技术水平、产业结构、生活用能以及经济规模方面均存在较大差异，本书通过构建包含空间效应的因素分解模型，量化分析相关因素变化对中国能源强度的影响。

(1) 分解方法

本书选取的样本区间为 1980~2015 年，由于 1995 年以前《中国能源统计年鉴》中并未包含地区能源平衡表，因而无法计算 1995 年以前的空间效应。此外，重庆在 1997 年直辖以后才开始公布其能源平衡表。因此，本书分别采取了不包含空间效应（1980~2015 年）和包含空间效应（2000~2015 年）的两个模型进行分解。

①不包含空间效应的分解模型。

单位 GDP 能耗变化可以分解为生产能源强度、产业结构和生活用能的影响。假设 I 表示单位 GDP 能耗量，E_i 表示经济中第 i 个生产部门的能源消费量，E_c 表示生活能源消费量，Y 表示 GDP 总量，W_i 为第 i 个生产部门增加值在 GDP 中的比重，单位 GDP 能耗可以表示为以下形式：

$$I = \frac{\sum_i E_i + E_c}{Y} = \sum_i I_i W_i + I_c \qquad (3-1)$$

从时间 0 到时间 t，能源强度的变化可以用下式表示：

$$\Delta I = \sum_i I_{it} W_{it} + I_{ct} - (\sum_i I_{i0} W_{i0} + I_{c0}) = \sum_i I_{it} W_{it} - \sum_i I_{i0} W_{i0} + I_{ct} - I_{c0} \qquad (3-2)$$

$$\Delta I = \Delta I_{int} + \Delta I_{str} + \Delta I_c \qquad (3-3)$$

其中，ΔI 表示总的变化，ΔI_{int}、ΔI_{str}、ΔI_c 分别表示生产能源强度、产业结构、生活用能对单位 GDP 能耗的影响。为了计算能源强度随时间变化的情况，应当以（3-2）式对 t 进行微分和积分。但是，由于存在直接计算的困难，研究中多用参数技术来逼近，最常用的为拉氏分解法和迪氏分解法。这类方法在应用中存在的一个主要问题是分解不完全、分解后存在残差，影响解释力。学者们提出了不同的应对方法和改进指数，本书选择了完全分解的改进的拉氏指数。

改进的拉氏指数分解的形式如下，拉氏指数的推导可参见 Sun（1998）：

$$\Delta I = \sum_i (W_{it} - W_{i0}) I_{i0} + \sum_i (I_{it} - I_{i0}) W_{i0} + \sum_i (W_{it} - W_{i0})(I_{it} - I_{i0}) + I_{ct} - I_{c0} \quad (3-4)$$

$$\Delta I_{int} = \sum_i (I_{it} - I_{i0}) W_{i0} + \frac{1}{2} \sum_i (W_{it} - W_{i0})(I_{it} - I_{i0}) \quad (3-5)$$

$$\Delta I_{str} = \sum_i (W_{it} - W_{i0}) I_{i0} + \frac{1}{2} \sum_i (W_{it} - W_{i0})(I_{it} - I_{i0}) \quad (3-6)$$

$$\Delta I_c = I_{ct} - I_{c0} \quad (3-7)$$

根据（3-4）式，具体某个产业 i 的变化对能源强度总变化的贡献为：

$$\Delta I_i = (W_{it} - W_{i0}) I_{i0} + (I_{it} - I_{i0}) W_{i0} + (W_{it} - W_{i0})(I_{it} - I_{i0}) \quad (3-8)$$

②包含空间效应的分解模型。

本书参考 Ma（2014）的分解框架，建立了包含空间效应的分解模型如下：

$$I = \frac{E}{G} = \sum_i \frac{E_i}{G_i} * \frac{G_i}{G} = \sum_i \left(\sum_j \frac{E_{ij}}{V_{ij}} * \frac{V_{ij}}{G_i} + \frac{E_{ic}}{G_i} \right) * \frac{G_i}{G} \quad (3-9)$$

其中，E 代表能源，V 代表分行业增加值，G 代表区域或全国的 GDP；i 和 j 分别表示地区和行业。

于是，中国能源强度的变化 ΔI 可以依据改进的迪氏指数分解为技术进步、产业结构、生活用能和经济规模四个因素，即有：

$$\Delta I = \Delta I_{tec} + \Delta I_{str} + \Delta I_{res} + \Delta I_{scale} \quad (3-10)$$

$$\Delta I_{tec} = \sum_i \left(\sum_j (I_{ij}^t - I_{ij}^0) \frac{V_{ij}^0}{G_i^0} + \frac{1}{2} \sum_j (I_{ij}^t - I_{ij}^0)\left(\frac{V_{ij}^t}{G_i^t} - \frac{V_{ij}^0}{G_i^0}\right) \right)$$
$$\frac{G_i^0}{G^0} + \frac{1}{4} \sum_i \left(\frac{G_i^t}{G^t} - \frac{G_i^0}{G^0}\right)(I_i^t - I_i^0) \quad (3-11)$$

$$\Delta I_{str} = \sum_i \left(\sum_j \left(\frac{V_{ij}^t}{G_i^t} - \frac{V_{ij}^0}{G_i^0}\right) I_{ij}^0 + \frac{1}{2} \sum_j (I_{ij}^t - I_{ij}^0)\left(\frac{V_{ij}^t}{G_i^t} - \frac{V_{ij}^0}{G_i^0}\right) \right)$$
$$\frac{G_i^0}{G^0} + \frac{1}{4} \sum_i \left(\frac{G_i^t}{G^t} - \frac{G_i^0}{G^0}\right)(I_i^t - I_i^0) \quad (3-12)$$

$$\Delta I_{res} = \sum_i (I_{ic}^t - I_{ic}^0) \frac{G_i^0}{G^0} + \frac{1}{4} \sum_i \left(\frac{G_i^t}{G^t} - \frac{G_i^0}{G^0}\right)(I_i^t - I_i^0) \quad (3-13)$$

$$\Delta I_{scale} = \sum_i \left(\frac{G_i^t}{G^0} - \frac{G_i^0}{G^0}\right) I_i^0 + \frac{1}{4} \sum_i \left(\frac{G_i^t}{G^t} - \frac{G_i^0}{G^0}\right)(I_i^t - I_i^0) \quad (3-14)$$

其中，ΔI_{int}、ΔI_{str}、ΔI_{res}、ΔI_{scale} 分别对应于技术水平变动、产业结构变动、生活用能变动和经济规模变动。

根据（3-11）式，某省区 i 具体某个产业 j 的技术进步对中国能源强度变化的贡献为：

$$\Delta I_{ij} = \left((I_{ij}^t - I_{ij}^0) \frac{V_{ij}^0}{G_i^0} + \frac{1}{2} (I_{ij}^t - I_{ij}^0)\left(\frac{V_{ij}^t}{G_i^t} - \frac{V_{ij}^0}{G_i^0}\right) \right) \frac{G_i^0}{G^0} \quad (3-15)$$

（2）数据处理

不包含空间效应的分解模型所需要的主要数据包括国内生产总值、分行业增加值以及全国和分部门能源消费量。国内生产总值数据来自各年度《中国统计年鉴》，根据统计年鉴中公布的增加值指数换算为 2005 年不变价。农林牧渔业、建筑业、交通运输业、批发零售业、其他行业的增加值数据来自《中国统计年鉴》，并根据这些部门的增加值指数换算为 2005 年不变价。全国及分主体能源消费量（包括六大产业和生活用能）来自各年度《中国能源统计年鉴》中的标准量数据，单位为万吨标准煤。

包含空间效应的模型样本范围是 2000~2015 年中国大陆除西藏之外的 30 个省、市、自治区 19 年的样本资料。在衡量产业、地区及全国能耗的情况时，由于能源消费包括煤、石油、天然气、电力和各种非常规能源，因此采用《中国能源统计年鉴》（1996~2014 年）地区平衡表中的实物量数据，以及年鉴中的转换系数，将所有形式的能源转换成标准煤。本书中能源消费量采用的是热当量计算方法，未包含加工转化损失，因此加总的区域能源消费量低于《中国能源统计年鉴》中给出的标准量，但不影响能源消费多寡的序数关系。在产出上，采用《中国统计年鉴》中的地区分行业增加值指数和增加值数据，计算出各省市区分行业的不变价（2005 年）增加值。部分缺失的数据通过查阅各地区统计年鉴以及插值法等方式予以补齐。

3.3.2 不包含空间效应的分解结果分析

（1）中国单位 GDP 能耗变动的原因

1980~2015 年，中国能源强度下降的主要原因是生产部门的技术进步；1980~1985 年间产业结构变化发挥了降低能源强度的作用，而 1985 年以后产业结构变化对能源强度则产生了负面影响，尤其是 2000~2005 年间贡献率跃升至 400%，高耗能工业的过度发展是这一时期全国单位 GDP 能耗发生倒退的根源。单位 GDP 生活用能的下降对中国能源强度下降产生了较为持续的促进作用。单位 GDP 生活用能实际上反映了能源支出在居民消费支出总额中的占比，由恩格尔定律可知，能源作为必需品，其消费支出占居民消费支出总额的比重将随收入的增加而降低，这就解释了为何单位 GDP 生活用能不断下降并带动了中国能源强度的降低。

比较而言，生产部门技术进步的作用远高于产业结构和单位 GDP 生活用能两个因素，在各个发展阶段的贡献率绝对值均超过了 80%，如表 3-7 所示。"十一五"时期，全国能源强度下降了 -0.13 吨标准煤/万元，生产部门技术进步的贡献为 92.31%，单位 GDP 生活用能的贡献是 15.38%，产业结构的贡献是 -7.69%。而从目前的数据看，"十二五"时期，能源强度下降的主要动力依然是生产部门能源强度的下降，而产业结构则产生了负面影响，单位 GDP 生活用能的变化不明显。从以往的经验来看，生产部门技术进步对中国能源强度的作用远高于产业结构变动和生活用能的影响，但并不能认为后两种因素不重要。在大部分时期，产业结构变动和生活用能的贡献度的绝对值都超过了 10%，2000~2005 年间更是达到了 100%，是影响中国能源效率不容忽视的因素。结构变动的作用不明显的原因在于我国的产业结构"惯性"较大，结构调整缓慢。产业结构总体上保持了一、二、三次产业结构转移的趋势，但第二产业比重则一直维持在 45% 左右徘徊。产业结构偏重、高耗能工业过度发展、钢铁等高耗能产业的过剩现象有待转变。另一方面，经济结构有其自身的演变规律，产业结构的变动过程应当是随着技术进步和生产效率的提高而发生升级转换的协调化过程，其中包含淘汰衰退产业、改造传统产业的技术、形成新的竞争优势的过程。产业结构的调整与升级是一个长期的过程，须遵从其自身发展规律，重点是生产效率和竞争力的提升，不宜盲目地呼吁提高或者降低第二产业比重，史丹（2015）更是指出应当警惕中国产业结构早熟的风险。

表 3-7　　1980~2015 年中国能源强度的分解结果

单位：吨标准煤/万元

年份	能源强度总变化	生活用能		生产用能			
				技术进步		产业结构	
1980~1985	-0.8	-0.09	11.25%	-0.64	80.00%	-0.07	8.75%
1985~1990	-0.32	-0.09	28.13%	-0.34	106.25%	0.11	-34.38%
1990~1995	-0.58	-0.16	27.59%	-0.72	124.14%	0.3	-51.72%
1995~2000	-0.44	-0.06	13.64%	-0.45	102.27%	0.07	-15.91%
2000~2005	0.01	-0.01	-100.00%	-0.02	-200.00%	0.04	400.00%
2005~2010	-0.13	-0.02	15.38%	-0.12	92.31%	0.01	-7.69%
2010~2015	-0.21	-0.01	3.27%	-0.20	97.16%	0.01	-0.43%

（2）生产部门的横向分解

根据式（3-5）、式（3-6）、式（3-8）可以对生产部门的能源强度变化在产业层次上作进一步分解，"十五"时期以来生产部门的分解结果见表 3-8。从表 3-8 中可以看出，"十五"时期全国能源强度的上升主要是由于生产部门中工业的结构效应引起的。虽然工业的能源效率提升显著降低了生产部门的能源强度达到 -123%，但工业比重变动的贡献高达 269.3%。此外，造成"十五"时期生产部门能源强度上升的还有交通运输业。而"十一五"时期，全国能源强度下降了约 0.13 吨标准煤/万元，生产部门的能源强度下降了约 0.12 吨标准煤/万元。其中，生产部门的效率变动效应占 107%，结构效应为 -7%，效率效应为主要因素。从产业层面看，工业部门对能源强度下降的贡献度为 75%，其他行业的贡献度从大到小依次是交通运输业 12.1%、农林牧渔业 8.8%、其他行业 2.1%、批发零售业 1.2%、建筑业 0.8%。2010~2013 年，全国能源强度继续下降，工业贡献度为 101.2%，农林牧渔业亦起到了一定正面所用，交通运输业、批发零售业、其他行业则产生了轻微负面影响。我国能源效率的变化与工业发展密切相关。

表3-8　　　　　　　生产部门的因素分解　　　　　　　单位:%

产业	2000~2005年			2005~2010年			2010~2013年		
	效率效应	结构效应	合计	效率效应	结构效应	合计	效率效应	结构效应	合计
农林牧渔业	34.5	-55.9	-21.4	1	7.8	8.8	0.5	2.4	2.9
工业	-123	269.3	146.3	94	-19	75	111	-9.8	101.2
建筑业	-6.3	2.7	-3.6	3.5	-2.8	0.8	0.7	-0.7	0
交通运输业	11.6	-6.8	4.9	1.1	11.1	12.1	-3	2.1	-1
批发零售业	-11.4	0.9	-10.5	4.8	-3.6	1.2	-0.3	-1.3	-1.6
其他行业	-34.4	18.8	-15.7	2.5	-0.5	2.1	-1.8	0.2	-1.6
生产部门	-129	229	100	107	-7	100	107.1	-7.1	100

3.3.3 包含空间效应的分解结果分析

从表3-9中可以看出，上述四种因素对中国能源强度的累积影响按照从大到小排序，依次为生产部门的技术进步、产业结构、生活用能和经济规模。生产部门的技术进步无论在中国整体能源强度上升或下降的时期，都是促进能源强度下降的最主要因素；除了2000~2005年期间之外，生产部门的技术进步对能源强度下降的贡献都在10克标准煤/元以上。生产部门的产业结构变动对能源强度的影响力仅次于技术进步，但其作用方向却是负面的。由于我国尚未完成工业化，不少省份还在向高耗能的工业化阶段迈进，当前产业结构调整不仅没有发挥节能降耗的作用反而拉高了我国能源强度，这与李国璋和王双（2008）、宋枫和王丽丽（2012）等学者的研究结果一致。"十五"计划期间（即2000~2005年）中国能源强度上升的原因在于这一时期技术进步放缓，高耗能产业快速扩张，致使产业结构变化的消极作用超过了技术进步的影响，造成能源强度反弹。对中国能源强度下降贡献较大的另一个因素是单位 GDP 生活用能。经济规模变动的影响相对较弱，影响力远不及前三大因素，且作用方向在样本期发生了反转，2005 年之前经济规模的变动起到了节能降耗的作用，2005 年之后则小幅抬高了能源强度。中国能源强度下降的主要动力是生产部门的技术进步和生活部门能耗强度降低两大因素。

表 3-9　　　　能源效率变化的因素分解总效应　　单位：克标准煤/元

时期	生活用能	生产用能		经济规模
		技术进步	产业结构	
2000~2005 年	-1.6374	-2.5040	5.8596	-0.6622
2005~2010 年	-1.8580	-21.8117	5.1900	0.1781
2010~2015 年	-1.2625	-17.6075	0.8742	0.3999

（1）生产部门的技术进步和产业结构

①地区生产部门的技术进步效应。

产业部门的技术进步是促进中国能源强度下降的主导力量。从 2000~2015 年各省区技术进步的贡献情况看，除新疆以外，其余 29 个省区因技术进步对降低全国能源强度都产生了积极的贡献，30 个省区的平均技术进步效应约为 -1.42 克标准煤/元，如表 3-10 所示。其中，14 个省区的技术进步效应超过了平均水平，技术进步效应大于 -2 克标准煤/元的省区有 7 个，分别为辽宁、山东、湖北、广东、江苏、安徽、河南。从区域分布来看，东部省区和中部省区的技术进步对降低全国能源强度的绝对贡献较大。从初始能源强度水平来看并未体现出特定的规律，山东、广东、江苏、河南的技术进步贡献较大而其能源强度较低，而同样贡献较大的湖北、安徽、河北的能源强度居中，辽宁、重庆、内蒙古的能源强度则靠后。

2000~2015年间，除新疆之外，其余省市区的技术效应都降低了各自的能源强度，即产生了技术进步。从表3-11中可以看出，技术进步对于能源强度较高的省区产生了更大的绝对贡献，在技术进步对其自身影响最大的10个省区中有7个是能源利用效率最低的省区；而能源强度较低的省区其技术进步对自身能耗强度的绝对影响则相对较小，能源强度最低的十大省区中除北京和天津以外全部落入了后15位，且绝大部分落入了最后10名。值得注意的是，某些省区能源利用效率落后且技术进步缓慢，如青海、陕西、云南和新疆，应当予以重点关注。

表3-10 各省市区技术进步对中国能源强度的效应及排名

单位：克标准煤/元

排名	省市区	效应值	排名	省市区	效应值
1	辽宁	-3.4641	16	天津	-1.3033
2	山东	-2.7225	17	北京	-1.2394
3	湖北	-2.7099	18	广西	-1.0454
4	广东	-2.5990	19	浙江	-1.0367
5	江苏	-2.4511	20	甘肃	-0.9636
6	安徽	-2.4483	21	湖南	-0.9168
7	河南	-2.3287	22	贵州	-0.9032
8	重庆	-1.9097	23	江西	-0.8106
9	内蒙古	-1.8821	24	宁夏	-0.8096
10	河北	-1.7593	25	福建	-0.5746
11	山西	-1.7565	26	陕西	-0.5163
12	上海	-1.5907	27	云南	-0.3666
13	黑龙江	-1.5449	28	海南	-0.1106
14	四川	-1.4280	29	青海	-0.0982
15	吉林	-1.3751	30	新疆	0.0300

各省市区技术进步对全国的贡献是各省市区的技术变动量和影响系数的乘积，因此，它不仅取决于技术进步的绝对量大小，

亦取决于该省市区经济规模占全国的比重。能源利用效率落后的省区虽然技术进步的绝对值较大，但并不意味着能源利用效率领先的省区在节能降耗中的贡献处于次要地位。而对比表3-10和表3-11可以发现，省区的排名存在较大差异。例如河南、山东、江苏、广东虽然技术进步的绝对幅度不大，但由于经济规模较大，其技术进步对中国能源强度有重大影响。

表3-11　技术进步变动值对各省市区能源强度的影响及排名

单位：克标准煤/元

排名	省市区	变动值	排名	省市区	变动值
1	宁夏	-235.1499	16	河北	-36.5362
2	重庆	-107.1803	17	江西	-35.2353
3	甘肃	-93.9041	18	上海	-34.7404
4	贵州	-87.8940	19	四川	-34.0901
5	内蒙古	-86.3459	20	青海	-31.0966
6	山西	-85.9065	21	山东	-28.4119
7	辽宁	-80.8043	22	江苏	-25.6957
8	安徽	-80.4230	23	湖南	-25.6748
9	湖北	-74.5025	24	陕西	-24.7149
10	吉林	-68.0106	25	云南	-23.8467
11	天津	-65.2354	26	广东	-22.7690
12	黑龙江	-54.0175	27	海南	-19.3032
13	广西	-44.5616	28	福建	-15.7642
14	河南	-41.8681	29	浙江	-15.6315
15	北京	-37.2995	30	新疆	1.1540

②地区生产部门的产业结构效应。

产业结构调整总体上尚未发挥降低能耗强度的作用。产业结构变化对中国能源强度的正面贡献较大的省市主要为东部沿海经济发达的省市和西北工业化发展缓慢的省市，而产业结构变化对中国能源强度的负面贡献较大的省市主要包括华中及东西部部分工业化快速推进的省市。将各省市区按照产业结构变动对降低中国能源强度的影响排序,各省市区的排名及其产业结构效应见表3-12。在三次产业中,第二产业的能耗强度远高于第一和第三产业,因此第二产业的比重尤其是工业化程度直接影响着地区的能源强度(屈小娥和袁晓玲,2009)。作为国内经济最发达地区的北京和上海已经处于工业化的高级阶段,形成了以第三产业为主的产业结构,从而引起能耗强度的下降。与此同时,山东、河南、四川、河北、安徽、辽宁等省份在经济发达地区的高耗能产业转移及其自身工业化推进的影响下,产业结构的"重工化趋势"对中国的能源强度形成了一定的负面影响。

表 3-12　　　　产业结构变动值效应及排名　　　单位:克标准煤/元

排名	省市区	效应值	排名	省市区	效应值
1	北京	-0.1338	16	吉林	0.3449
2	上海	-0.0494	17	江苏	0.4203
3	天津	0.0537	18	江西	0.4523
4	浙江	0.0818	19	重庆	0.4553
5	海南	0.0863	20	广东	0.5011
6	黑龙江	0.1115	21	湖北	0.5252
7	青海	0.1163	22	广西	0.5306
8	新疆	0.1648	23	内蒙古	0.5651
9	云南	0.2236	24	湖南	0.5952
10	甘肃	0.2244	25	辽宁	0.6061
11	贵州	0.2612	26	安徽	0.7319
12	陕西	0.2642	27	河北	0.9039
13	宁夏	0.2754	28	四川	0.9323
14	福建	0.2945	29	河南	0.9691
15	山西	0.3232	30	山东	1.0492

(2)生活能耗强度

从各省市区生活用能变动对其自身能源强度的影响来看,生活用能强度在经济欠发达地区下降的绝对幅度更大,生活能耗下降最大的五个省区均为西部省区,依次是贵州、甘肃、青海、宁夏、新疆；其中，贵州的生活能源强度降低了约51.5克标准煤/元，使该省的单位GDP能耗下降了22.4%，下降幅度远高于其他省区（见表3-13）。而全国经济发展水平最高、人均生活水平最高的省区，生活用能变动对其自身能源强度的影响较弱，例如福建、广东、上海、江苏、浙江的生活用能效应排名落入全国最后之列。值得注意的是，各省区因某种因素变动对中国能源强度的贡献大小与各省区因这种因素变动所引起的该省区自身能耗强度变动幅度并不完全一致。例如湖北省的生活能源强度变动对其自身能源强度的影响不大，但对降低中国能源强度的促进作用名列前茅。生活能源强度变动对中国能源强度和对省区自身影响最大的十个省区中，重合的有6个，分别为贵州、河北、四川、山西、新疆、甘肃。

表3-13 生活能耗动值对各省市区能源强度的影响及排名

单位：克标准煤/元

排名	省市区	变动值	排名	省市区	变动值
1	贵州	-51.5090	16	重庆	-5.0203
2	甘肃	-20.4840	17	安徽	-4.8057
3	青海	-19.7750	18	江西	-4.1341
4	宁夏	-16.7329	19	北京	-3.5282
5	新疆	-16.3707	20	福建	-3.1158
6	山西	-14.0020	21	黑龙江	-2.1232
7	河北	-10.0303	22	广东	-1.9078
8	天津	-8.9287	23	广西	-1.3757
9	云南	-8.9080	24	上海	-1.0541
10	四川	-8.8202	25	江苏	-0.9054
11	吉林	-8.0144	26	浙江	-0.4963
12	湖北	-7.9148	27	山东	-0.3099
13	河南	-7.7830	28	湖南	-0.1851
14	陕西	-6.8538	29	海南	0.1939
15	辽宁	-5.8661	30	内蒙古	6.2540

2000~2015年，除内蒙古和海南之外，其余省区生活用能强度的变动均对降低中国能源强度做出了积极贡献。生活能耗因素对降低中国能源强度贡献最大的五个省区依次为：贵州、河北、新疆、河南、四川。其中，贵州省的生活能耗变动效应最大，使中国能源强度降低了0.53克标准煤/元。生活能耗因素对降低中国能源强度贡献最小的五个省区依次为：上海、山东、浙江、海南、内蒙古。从区域分布来看，中西部省区的生活部门发挥的节能降耗作用更大，东部省区中除河北、辽宁、天津、广东之外则全部落于表3-14排序的后15名。各省区生活能源强度变动对中国能源强度的影响方向与对其自身能源强度的影响方向一致，但在影响力大小的排序上存在一定差异。

表3-14　　各省市区生活能耗强度效应及排名　单位：克标准煤/元

排名	省市区	效应值	排名	省市区	效应值
1	贵州	-0.5304	16	福建	-0.1276
2	河北	-0.4981	17	北京	-0.1006
3	新疆	-0.4443	18	重庆	-0.0966
4	河南	-0.4262	19	江苏	-0.0965
5	四川	-0.3455	20	江西	-0.0888
6	湖北	-0.2940	21	青海	-0.0547
7	山西	-0.2460	22	宁夏	-0.0477
8	辽宁	-0.2285	23	湖南	-0.0449
9	天津	-0.2106	24	广西	-0.0376
10	甘肃	-0.1960	25	黑龙江	-0.0337
11	云南	-0.1959	26	上海	-0.0189
12	广东	-0.1937	27	山东	-0.0128
13	吉林	-0.1708	28	浙江	-0.0104
14	陕西	-0.1448	29	海南	0.0028
15	安徽	-0.1287	30	内蒙古	0.0251

(3) 经济规模

截至目前,空间经济规模因素即地区经济增长幅度的相对变化对中国能源强度发挥的影响尚不突出。从地区经济规模效应看,2000~2015年间有60%的省市因经济规模变动而促进了中国能源强度下降,经济规模效应贡献最大的省区包括河北、上海、黑龙江、新疆、辽宁、云南等。经济规模变动抬高中国能源强度的省区有12个,分别为内蒙古、天津、江苏、山东、重庆、陕西、四川、福建、江西、吉林、青海、广西(见表3-15)。此外,通过观察发现,地区经济规模变动对能源强度的作用方向发生了变化,在2005年前后时期曾发生逆转,2000~2005年期间大部分省区的经济规模变动对降低中国能源强度产生了积极贡献,而2005~2015年期间仅有小部分省区的经济规模变动产生了积极贡献。

表3-15 各省市区产业结构和经济规模效应及排名

单位:克标准煤/元

排名	省市区	效应值	排名	省市区	效应值
1	河北	-0.9598	16	宁夏	-0.0311
2	上海	-0.4755	17	湖北	-0.0302
3	黑龙江	-0.3661	18	海南	-0.0266
4	新疆	-0.2473	19	广西	0.0267
5	辽宁	-0.2439	20	青海	0.0274
6	云南	-0.2386	21	吉林	0.0603
7	山西	-0.2283	22	江西	0.0781
8	北京	-0.2251	23	福建	0.1179
9	浙江	-0.2034	24	四川	0.1249
10	贵州	-0.1357	25	陕西	0.2190
11	甘肃	-0.1331	26	重庆	0.2419
12	河南	-0.0736	27	山东	0.4098
13	广东	-0.0468	28	江苏	0.5079
14	安徽	-0.0445	29	天津	0.5922
15	湖南	-0.0346	30	内蒙古	1.3163

3.4 本章小结

本章对 1978 年以来中国能源利用效率的趋势、现状以及与不同部门对中国能源利用效率的影响进行了研究。本章以国内地区先进水平为标杆，对我国 2010~2015 年地区生产和生活部门的能源效率进行了评价。在此基础上，本书通过构建包含生活部门和空间效应的指数分解模型，量化分析了生产部门的技术水平和产业结构、单位 GDP 生活能耗以及经济规模变化对中国能源强度的影响。

研究结果表明：①除 2000~2005 年期间以外，1978~2015 年间我国能源强度持续下降，累计下降了 75%，但目前的能源强度依然远高于发达国家能源强度水平。工业能耗强度较高是我国与发达国家能源强度差距的主要原因，尤其是工业能耗强度是英国的 3 倍，能耗部门结构因素也是造成我国与国际能耗先进水平差距的重要原因。②从 2010~2015 年各地区分部门能源强度的平均值来看，我国地区能源利用效率发展不平衡的状况较为严峻。各地区在生产部门（农业、工业、建筑业、交通运输业、批发零售业、其他行业）和单位 GDP 生活能耗上均存在不同程度的差异。其中，生产部门中批发零售业的差异程度最大，变异系数为 0.9；生产部门中除交通运输业以外，其余行业能源强度的地区差异均高于单位 GDP 生活能耗的地区差异。③从能源强度影响因素的分解结果来看：1980~2015 年不包含空间效应的因素分解结果表明，技术进步是促进中国能源强度下降最主要的因素，在各个时期对中国能源强度下降的贡献率都在 80% 以上；产业结构变化的贡献率波动较大（-8%~400%），1985 年以后产业结构变化对中国能源强度产生了负面影响，产业结构的"重化"是导致"十五"时期中国能源强度反弹的直接原因；生活用能强度的下降也是降低中国能源强度的重要因素，大部分时期中生活能耗的贡献率在 10%~30% 之间。2000~2015 年包含空间效应的因素分解结果表明，空间经济规模效应（以地区经济占全国 GDP 比重代表）的影响力较弱，作用方向发生了变化，在 2000~2005 年期间对中国能源强度的下降产生了促进作用，2005 年以后则产生了消极的作用；而技术进步、产业结构以及单位 GDP 生活用能的影响与不包含空间效应的结果一致。从省际层面来看，能源强度发展不平衡，四种因素的影响差异较大，较为突出的问题包括新疆的生产部门技术水平倒退、绝大多数省区的产业结构调整抬高了能源强度、内蒙古和海南的生活用能强度上升、近期大部分省区经济规模变动的影响消极等。

第4章
生产部门能源利用效率鸿沟的测度及影响因素

能源利用效率鸿沟（Energy Efficiency Gap）现象和概念最初是由技术经济学家们提出的，是指能源效率的改进潜力或最优的能源效率水平与实际能源效率之间的差额。尽管最优的能源效率水平是不可观测的，但是学者们发现现实中的许多现象都说明能源效率鸿沟的存在，例如能源效率投资存在较高的"隐含贴现率"等。鸿沟研究多从能源效率障碍入手，其逻辑在于能源效率鸿沟是由各种能源效率"障碍"（barriers or brakes）造成的，因此，消除能源效率鸿沟的方法就是发现并消除各种能源效率"障碍"。国内研究对能源效率鸿沟及其影响因素关注较少。国内对能源效率影响因素的研究尽管涉及了众多的变量，但在影响因素的选取上较为随意，缺乏理论依据，

第4章 生产部门能源利用效率鸿沟的测度及影响因素

对于最根本影响因素仍缺乏深入的分析和统一的结论，各种变量之间甚至可能存在着因果关系，各种因素对能源效率的影响机制也并不清晰（魏楚和沈满洪，2009）。本书着眼于生产部门的能源效率鸿沟，首先利用随机前沿分析度量能源效率鸿沟，并且从市场失灵、组织行为等视角分析造成能源利用效率鸿沟的因素。本书选取并检验的效率鸿沟影响因素包括金融市场发育程度、经济市场化程度、能源价格、环境规制、人力资本和产业结构的影响。此外，本书还对"十一五"时期以来能效政策的干预效果进行了实证检验。

4.1 生产部门能源消费的总体情况与企业能源行为的理论分析

4.1.1 生产部门能源消费的总体情况

生产部门的能源消耗水平和用能结构对我国整体的能源消费影响很大。我国经济生产方式粗放，呈现出高耗能的特点。快速推进工业化、重速度、轻质量的发展模式在创造中国经济增长奇迹的同时，也造成了能源利用效率低下，带来了资源浪费、经济结构失调、高耗能产业产能过剩、生态环境破坏等一系列严重问题。

（1）能源消费量

改革开放初期以来，中国生产部门终端能源消耗量一直处于增长之势，从1980年的4.93亿吨标准煤增加至2015年的43.00亿吨标准煤，增长了8.7倍多。从表4-1可以看出，工业企业能耗一直占据我国能源消费总量的近7成，在中国总体能源消费中占据绝对主体地位。1995年以来，工业用能比重虽然整体上呈现出缓慢下降趋势，但高耗能行业仍占据我国能耗的主体地位。而建筑和交通运输部门的能源消费量增长迅速且占比稳步提升，是生产部门消费增长的主要来源。

表4-1　　1995年以来我国分部门能源消费占比情况

项目		1995年	2000年	2005年	2010年	2011年	2013年	2015年
能源消费总量（亿吨标准煤）		13.11	14.55	23.6	32.49	34.8	41.69	43.00
各部门能源消费的比重（%）	农林牧渔业占比	4.2	2.7	2.6	2	1.9	1.9	1.9
	工业占比	73.3	71.3	71.5	71.1	69.8	69.8	68.0
	建筑业占比	1	1.5	1.4	1.9	1.7	1.7	1.8
	交通运输业占比	4.5	7.7	7.8	8	8.4	8.7	8.9
	批零业占比	1.5	2.2	2.3	2.2	2.5	2.4	2.6
	其他行业占比	3.4	4.2	3.9	4.2	4.7	4.7	5.1
	生活部门占比	12	10.7	10.7	10.6	10.9	11	11.7

资料来源：根据《中国能源统计年鉴2016》统计数据计算所得。

不少学者认为中国偏向工业和重工业的产业结构，以及较高的经济增长率是能源消费不断增加的主要原因。2011年我国六大高耗能产业总产值（统计年鉴中没有公布更新的产值数据）占工业总产值比重不到35%，但其能源消费比重却超过75%。从图4-1可见，2000年后高耗能行业的能源需求普遍增加，六大行业中除非金属矿物制品业和化学制造业以外其余行业能源消费年平均增长速度都达到了8%及以上。有色金属制造业的能源消耗增长速度最快，1999～2013年间能源消费从3870万吨标准煤上升到16617万吨标准煤，翻了4倍多。概括起来，除少数年份外，高耗能产业能耗占我国工业能耗总量的比重保持上升趋势。可见，我国经济发展的重工业化特征在能源消费方面表现得非常显著，对可持续发展造成了严重障碍。

第4章 生产部门能源利用效率鸿沟的测度及影响因素

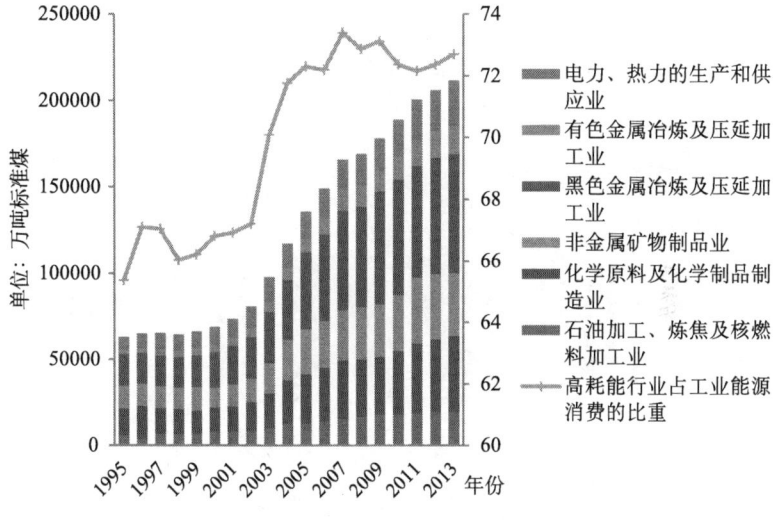

图4-1 高耗能产业的能源消费情况

（2）能源消费结构

产业部门终端能源消费的结构仍然以煤炭为主，如图4-2所示。过去二十年间，中国生产部门的能源消费结构变化不大，煤炭消费比重始终占60%左右，而电力和天然气的消费比重增长缓慢。1991～2005年间煤炭消费的比重一直在60%左右徘徊，2005年以后在波动中呈缓慢下降趋势；石油的消费比重在波动中由1991年的17%缓慢下降为2013年的13%；天然气和电力的消费比重小，但上升趋势明显，天然气消费从1991年的2%上升到2013年的4%，电力的消费比重从1991年的11%上升到2013年的20%。这说明我国产业部门对高碳化石能源依赖性过大，而优质能源使用明显不足，用能结构不利于节能减排。

从各产业部门的能源消费结构来看（见图4-3），煤炭是大部分产业的主要能源。工业部门是能耗大户，全国煤炭消费总量中90%以上被工业部门直接消费，并且集中于六大高耗能工业，

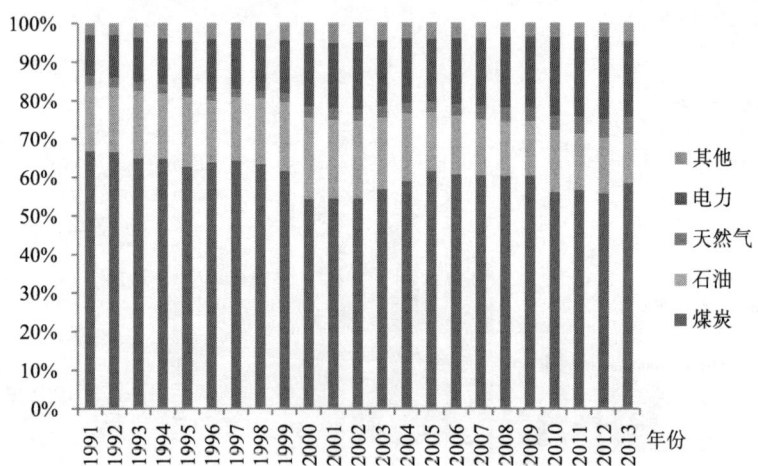

图 4-2　1991 年以来企业部门能源消费结构变化

2013 年六大高耗能行业的煤炭消耗总量均超过 1 亿吨，合计占工业用煤总量的 90% 以上。从 2013 年各产业能源消费的结构来看，差异性较大。其中，工业能源消费的 59% 是煤炭，电力和石油亦是主要能耗品种，分别占 21% 和 10% 左右；交通运输业消费的主要能源是煤炭，高达 80% 以上，其次是油品；批发零售业的主要能源是煤炭和电力，比重分别为 44% 和 33%，油品和天然气消费比重为 12% 和 7%；石油、电力和煤炭其他第三产业的主要能源，占比分别为 37%、31% 和 24%；农业的能源消费以石油、煤炭和电力为主，占比分别为 39%、32% 和 21%。

（3）生产部门能源消费变动与经济增长

图 4-4 中显示了 1981 年以来我国 GDP 的实际年增长率和生产部门能源消费的变动化率。可以看出，过去三十年来我国的实际 GDP 一直保持较高的增长速度，生产部门的能源消费也呈现出快速增长的趋势。从图 4-4 中生产部门能源消费与实际 GDP 变化的趋势上看，二者基本上是同步一致发展的；在实际

第4章 生产部门能源利用效率鸿沟的测度及影响因素

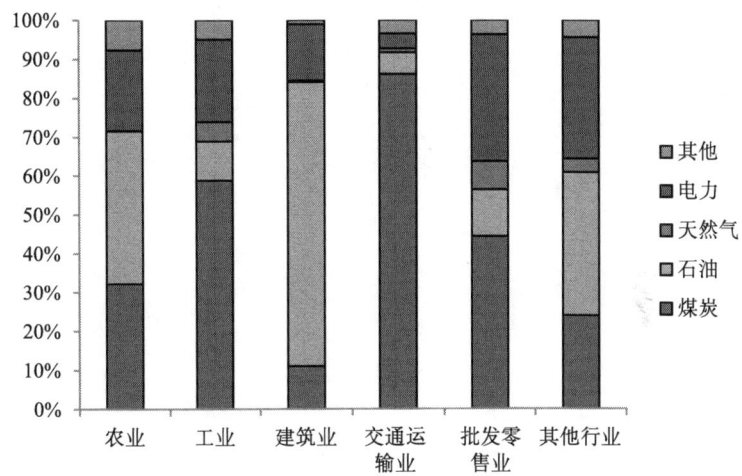

图4-3 2013年产业部门的能源消费结构

GDP增长较快的时期,生产部门的能源消费也出现快速增长;而实际GDP增长放缓的时期,生产部门的能源消费也呈现出放缓的趋势。1981~1999年之间,实际GDP增速和生产部门能源消费增速都呈现出M形的走势;1999~2013年之间,二者都呈现出倒V形的走势。企业的能源消费是一种生产行为,如果企业是理性决策的,企业的能源要素投入必然取决并服务于产出,生产部门的能源消费也必然与经济产出密切相关。因此,经验数据中反映出来的生产部门能源消费与实际GDP变化的关系与经济学理论分析是吻合的。生产性能源消费变动与经济增长趋势的高同步性,表明企业能源消费主要是由经济、市场因素决定的。

4.1.2 企业能源行为的假定

(1) 企业的能源效率投资决策

企业作为经济主体,其用能行为是一种市场条件下的经济行

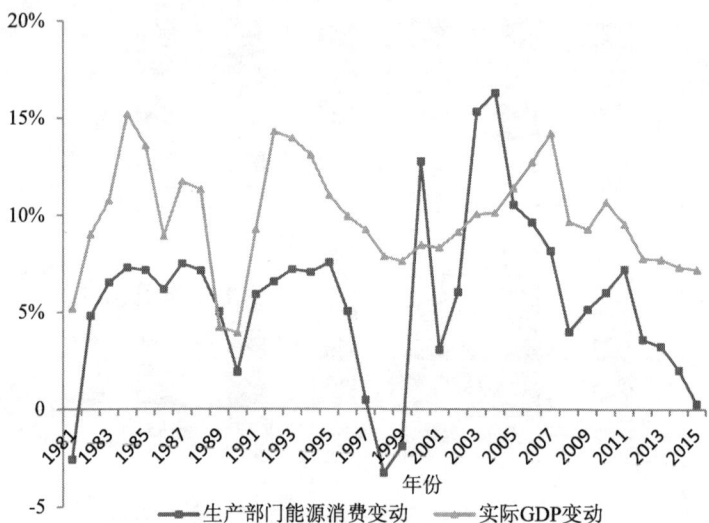

图 4-4　GDP 增长率与生产部门能源消费变化

为。按照经济学的假定，企业是理性的，企业生产的目的始终是追求利润最大化。为了简化分析，首先讨论完全市场条件下的决策。能效投资可以提高企业的能源利用效率，从而降低能源的消费量和成本。同时，能效投资本身需要花费企业的资金。在企业的能效投资决策中，动机依然是利润最大化。因此，只有当能效投资的收益高于能效投资的成本时，企业才有动力进行能效投资。如图 4-5 所示，提高能源效率的资本投入与能源投入存在替代关系，企业可以进行资本投资以提高能源效率从而降低同样产出所需的能源投入量。企业的最终选择的条件是边际技术替代率恰好等于能源和能效投资的价格比。当能源的相对价格从 P_0 上升到 P_1 时，等成本线发生旋转，企业会选择增加能源效率上的投资而减少能源的使用量。

然而，由于能效投资的成本是当期花费的，但能源使用节约所产生的收益却要在未来逐渐实现，企业在计算能效投资的收益时会对能源使用节约所产生的收益进行贴现。只有贴现后的净收益在零以上的投资才会被企业接受。因此，企业能效投资的决策取决于能效投资的成本、可节约的能源使用成本和贴现的大小。能效投资的会计成本是容易衡量的，但能效投资的成本应当理解为机会成本，例如用于能效投资的资金可以在货币市场中获得利息收益。由于能效投资的回报（能源节约）要在未来各期进行实现，涉及一系列变量的预期，能效投资的回报长期性和不确定性使得收益的衡量变得复杂，在各种障碍因素的作用下便形成了能源效率鸿沟。

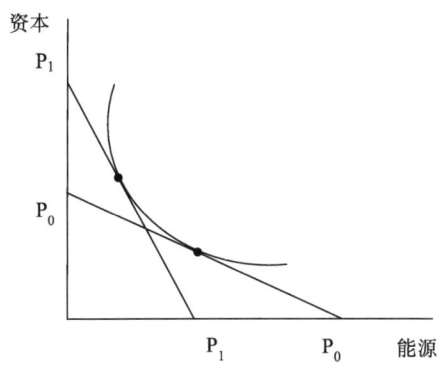

图 4-5　能效投资决策

（2）存在效率障碍情况下的决策

在实际中，企业面临的决策环境通常是复杂的，存在着各种导致能源利用效率鸿沟的"障碍"因素（Sorrell 等，2000），可能是流动性约束、不确定性风险、信息不足、企业管理者本身的认知特点是有限理性的等。当存在能源利用效率障碍时，能源消费主体的自主决策会偏离于对个体以及社会最优的结果，形成能源效率鸿沟。下面利用 Oikonomou 等（2009）建立的影子能源需求和实际能源需求模型，结合图 4-6 对能源效率障碍存在下的企业能源决策情况进行说明。

曲线 D 和 D_s 分别代表企业的实际能源需求曲线和影子能源需求曲线，反映了不同价格下企业的能源需求量与能源价格的关系，β_1 和 β_2 代表能源转化为企业产出的技术函数。在给定的市场能源价格 P_1 下，企业希望获得的产出是 Q_{S1}，对应的最优能源效率技术和能源需求分别为 β_1 和 Q_{e1}。假设市场中还存在一种更有效率的能源利用技术 β_2，可以使得企业在获得同等产出 Q_{S1} 时投入更少的能源，即只需要投入 Q_{e2} 的能源。与这种更为高效的能源利用技术 β_2 相对应的能源需求便构成了能源消费主体的"影子能源需求"。图 4-6 中的阴影面积反映了得益于能源利用效率改进而产生的能源成本节约量。企业在实际决策中由于存在信息不足、信息不对称、信息搜索成本、投资的不确定性和风险、流动性约束等障碍因素，导致企业自发的实际能源和能效需求偏离潜在的"影子需求"，从而产生图 4-6 中的阴影面积和能源利用效率"鸿沟"，这需要通过政策引导才能跨越。

4.1.3 企业能源效率鸿沟产生的影响因素及机理

国外许多学者从不同的角度对造成效率鸿沟的原因进行了研究。综合以往的研究，从研究角度的差异，即能源市场本身的角度、参与者决策的角度和个体理性的角度，造成效率鸿沟的原因可以分为三大类，分别是市场失灵、市场障碍和组织行为障碍（见表 4-2）。能源市场失灵，即市场无法引导资源实现最优配置的情况，具体表现为信息缺乏或不对称、能源成本的低估以及研发技术溢出等。完善的能源市场需要满足严格的条件，要求能源价格能够反映所有的成本（包括外部性成本）、生产者和消费

第4章 生产部门能源利用效率鸿沟的测度及影响因素

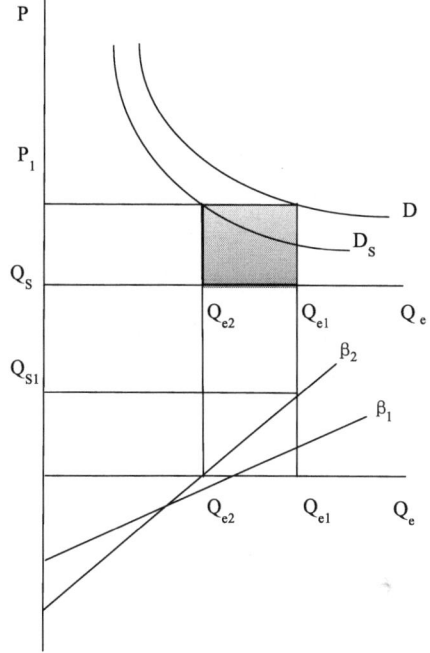

图4-6 实际能源需求与影子能源需求

资料来源：Oikonomou 等（2009）。

者的数量众多、不存在市场势力、要素具有完全的流动性、信息完备透明。任何导致市场偏离理想运行的因素都会导致市场失灵，市场失灵的常见因素有信息不完全、公共物品、外部性等。与所有其他商品市场类似，市场失灵是导致能源效率障碍的主要因素之一。但市场失灵不能完全解释效率鸿沟的存在，学者们发现市场障碍也是主要因素之一，包括生产成本干扰、风险厌恶、能效投资优先度低、缺乏可获得的资本等（Rohdin 和 Thollander，2006；Thollander 和 Dotzauer，2010）。社会学家们则特别强调组织行为障碍对能源效率的影响，典型的因素如抵触改变、缺乏激励、社会价值观等（Rohdin 和 Thollander，2006；Thollander 和 Dotzauer，2010）。

(1) 市场失灵

外部性和信息问题是最常被列举的能源市场失灵。能源使用会产生环境、健康负外部性，而能效技术创新则具有正外部性。市场对具有负外部性的商品定价过低，会导致负外部性商品消费过多；而市场对正外部性的商品定价过低，会导致正外部性商品供给不足。对负外部性的解决方法是通过规章制度，如环境法、环境税等，使外部问题内部化。对正外部性，可以进行补贴，从而弥补市场不足[①]。信息不完全表现为信息不足、信息不对称，导致用户信息搜索成本过高，产生"逆向选择"和"委托代理"问题。Anderson 和 Newell（2004）指出逆向选择问题在工业部门十分普遍，管理者们在决定能源效率项目投资时更关心初始购置成本而不是长期的成本节约。由于能源效率是不可观测的，能效产品供应者难以有效地向顾客传递产品节能技术信息，消费者出于对厂商机会主义行为的担忧，可能会基于产品价格而选购价格更低、能效也较低的产品。信息不对称不仅表现在能效产品或技术出售中，当用户需要通过资本市场为能效投资融资时，借贷双方同样存在能效项目信息不对称的问题，贷款者无法确认投资回收的可能性，导致用户承担额外的融资溢价成本（Golove 和 Eto，1996）。在企业能效投资和能源使用中，决策者可能不是效率行为的直接受益者，代理人和委托人之间的能效信息不完全，代理人缺乏能效行为的激励，这便产生了偏离社会最优水平的委托—代理问题（参见 Gillingham 等，2009）。市场失灵的影响还

---

① 关于外部性问题，主流经济学有十分详尽的讨论，此处不再赘述。可参阅 Jaffe 和 Stavins（1994）、Brown（2001）等。

表现在能源价格结构不合理，未能反映递增的边际成本，导致能效投资激励不足（Bukarica 和 Robić，2013）。

（2）市场障碍

市场障碍同样会引起能效投资不足，但是不同于市场失灵，是理性用户在给定的价格和技术条件下的最优选择导致了能效鸿沟（Jaffe 和 Stavins，1994）。市场障碍通常是由市场本身的运行特点造成的。能源效率产品和技术的高隐含贴现率以及成本—收益有效的能效技术只占有限的市场份额可以看作是市场障碍的表现（Levine 等，1995）。能源效率市场障碍的一种解释是投资的不确定性和风险贴现。不确定性不是市场失灵，但用户在决策时会考虑不确定性并相应地对投资回报进行风险贴现，这是一种理性行为。能效投资的成本通常是一次性的且不可逆转，而投资收益回收期却较长。能源效率投资的风险不易分散，未来的不确定性越高，则用户在决策时所采取的贴现率就越高，推迟或降低能源效率投资就成为一种合理的避险行为。用户的异质性是能源效率市场障碍的另一种解释（Jaffe 等，2004）。对用户群体平均而言，成本—收益有效的技术未必适用于群体内的所有个体，只有预期收益高于平均水平的用户才会有投资意愿。使用频率很高的用户比使用频率低的用户更有机会从节省的能源中回收投资成本，因此更可能进行能效投资。资本市场障碍也被认为是引起能源效率鸿沟的重要原因（Nagesha 和 Balachandra，2006；Thollander 和 Dotzauer，2010），不同企业的融资能力和融资成本存在较大差异，可获得的资本、能源成本的优先排序低、其他资本投资更重要等因素阻碍了能效投资。此外，能源市场可能存在一些无法观测到的隐含成本，如管理成本、信息收集和分析成本等，新能效技术的某些属性可能不如原有技术（Jaffe 等，2004）。

(3) 组织行为障碍

DeCanio（1998）认为企业能效技术投资行为可能不完全是理性的，企业决策事实上很难基于完美信息而做出，企业经营环境复杂，决策者受认知能力的约束导致在特定环境下偏离理性行为。Robinson（1991）在对产品性能标识的研究中发现，即使准确地提供了能源效率技术的信息也不一定能提高决策质量。人们的认知特点决定了其对可观察的因素更为敏感。能效投资的初始成本是可直接观察的，收益却要在未来实现的，决策者对投资的前置成本比对未来的运营成本更为敏感，对能源效率投资初始成本的过度关注影响了能效决策，导致了投资不足（Gilliangham等，2009）。企业的文化特点、社会责任意识、高层管理者的决心、组织内成员的态度、缺乏能源成本控制制度、在能源管理中缺乏影响力等因素会造成能源问题在组织中被轻视或忽略（UNEP，2006；Rohdin和Thollander，2006）。

比较上述研究情况不难发现，虽然学者们用于描述企业具体节能障碍因素的术语存在一定差异，但都可以归入表4-2的分类之中。学者们已经从微观层面提出了较多的可能引致能源效率鸿沟的因素，但这些因素是否造成了企业集合层面及生产部门层面的能源效率鸿沟还缺乏实证分析，是否能从少数受调研的企业推广至整个行业、从某个地区推广至全国尚待检验。本书认为可以从市场失灵、市场障碍、组织行为障碍三个方面对造成我国企业部门能源鸿沟的因素进行搜寻和识别并选取合理的变量进行实证检验。

第4章 生产部门能源利用效率鸿沟的测度及影响因素

表4-2 企业能源效率障碍因素的分类及详情

理论	障碍因素	详情
市场失灵（信息不完全，公共物品，外部性）	未定价的成本和收益	能源价格未反映能源使用的环境健康负外部性，能源效率技术具有公共物品的属性
	不完全信息	消费者对市场情况、技术特点和其行为的影响是不明确的
	委托代理	监管与行动不一致造成能效举措失效
	逆向选择	在产品供应者对产品性能更多了解的情况下，消费者可能会基于产品价格而进行选购
市场障碍（市场势力、市场不完全、资本限制）	市场势力	垄断阻碍竞争性市场的形成和定价
	融资能力	紧缩预算影响能效技术投资能力
	优先顺序靠后	生产成本干扰，其他投资优先
	价格波动风险	风险规避，关注短期收益
	异质性	技术对企业的不适应性会造成成本效率型的能效措施难以发挥作用
	错误激励	如果个人或机构不能从能效投资中获取收益会影响其积极性
	隐性成本	管理成本，信息收集和分析成本，生产中断和不便利等
组织行为障碍	有限理性	决策者不是追求最优而是满意
	惯性（惰性）	组织内反对改变的成员会造成对能效举措的不积极
	信誉和信任	信息来源应该是可靠的和可信任的
	信息的形式	信息应该具体形象，简单和富有人性化
	价值	处于最高管理层且具有坚强决心的个体，提高效率的措施很可能被采纳
	文化	文化特点，社会责任意识，如环保理念可能会鼓励能效投资
	能源管理制度和影响力	能源管理制度缺失，缺乏能源成本控制制度，在能源管理中缺乏影响力会造成能源问题在组织中被轻视或忽略

资料来源：参考 Rohdin 等（2007）、Chai 和 Yeo（2012）以及 Bukarica 和 Robić（2013）整理。

4.2 中国生产部门能源利用效率鸿沟的测度

4.2.1 能源利用效率鸿沟的测度方法与数据来源

(1) 能源利用效率鸿沟的测度方法

能源效率鸿沟研究的最大困难在于由于最优能源效率水平的不可观测性,难以直接衡量能源效率鸿沟的规模,也就难以判定各种障碍及影响因素的重要性。这也是造成学者们对能源效率鸿沟的大小和各种障碍因素存在争议的原因 (Rohdin 等,2007;Kounetas 等,2010)。现有研究对能源效率鸿沟的度量方法多是从微观层面,采用调研等方法进行估计。例如 Backlund 等(2012) 借助网络问卷调查企业管理人员的方法估计了瑞典制造企业的能效鸿沟,受调查者被要求对采用新技术和加强管理的能源效率潜力进行评估,他们从调研结果中估算出低能耗和高能耗型瑞典制造企业通过采用更高效的技术可以实现的能效潜力分别约为当前能耗的 5% 和 13%,而通过能源管理措施可以实现的能效潜力分别为当前能耗的 13% 和 20%。周慧和张莹杰 (2015),在南京市开展了以热水器为研究对象的基于陈述选择实验的问卷调研并估算了对消费者在选择节能产品时的隐含贴现率,发现消费者在不同类型的热水器之间进行选择时,平均隐含贴现率为30%,远高于其资金的机会成本。然而,不少研究者对于这类微观层面估计方法提出了质疑,尤其是调研方法的可靠性和调研结论推广的普适性 (Allcott 和 Michael,2012),且人们的主观判断和现实结果之间并不一致。

本书认为利用随机前沿分析得出的非效率可以用来度量生产

第 4 章 生产部门能源利用效率鸿沟的测度及影响因素

部门的能源效率鸿沟。数据包络分析和随机前沿分析是两种常用的能源利用效率测算方法,二者都是基于生产前沿的思想。生产前沿思想的主要倡导者 Farrell 认为,并非所有生产者都处于技术前沿,实际上大部分生产者距离最优效率存在一定差距,即技术无效率(Technical inefficiency)。可见,在投入产出的框架下,技术无效率与能源效率鸿沟的概念是一致的。不同于数据包络分析直接在样本数据中选择前沿面、前沿面上存在多个效率最优(为 1)单元,随机前沿分析基于设定的函数来包络样本点,利用计量经济技术来估计边界函数,通过观察值估计出不可观测的理想前沿边界和相应的无效距离。以随机生产前沿函数为例,随机生产前沿模型将产出的误差表示为与技术无效有关的非负误差 u 和与测量误差、统计等有关的噪声误差组成的合成误差 v。也就是说,随机扰动和技术非效率两个因素导致实际生产偏离前沿水平,如式 4 - 1 所示。

$$\ln(GDP) = \beta_0 + \beta_1 \ln(K) + \beta_2 \ln(L) + \beta_3 \ln(EC) + (v - u)$$

(4 - 1)

图 4 - 7 中横轴表示投入,纵轴为产出,描绘了单投入和单产出的两个生产者的生产情形;f(x)代表生产前沿的确定部分。生产者 1 用 X1 单位的投入生产出了 A1 单位的产出,而生产者 2 用 X2 单位的投入生产出了 A2 单位的产出。在正的随机因素影响下,生产者 1 的前沿产出位于确定性技术前沿 B1 之上;而受到负面随机因素的影响,生产者 2 的前沿产出位于确定性技术前沿 B2 之下。除去正面噪音极大的特殊情况以外,产出的观测值都位于前沿确定部分之下。虽然随机扰动和技术非效率都是不可观测的,但随机前沿模型通过对随机扰动进行恰当的定义(均值为 0 且方差符合特定的分布),可以将其与非效率效应进行有效区分,并计算出无效效应。只要有一定数量的观测值便可以实

现对生产前沿的估计，随机前沿分析直接计算出的是无效效应，而在应用中，关注能源利用效率值的研究者们又习惯于通过特定的换算得到生产者的技术效率。具体而言，是用生产者的可观察产出与相应的随机前沿产出之比来计算。本书则回归随机前沿分析本身的特质，关注能源利用效率鸿沟，即在能源利用的非效率基础之上展开分析。

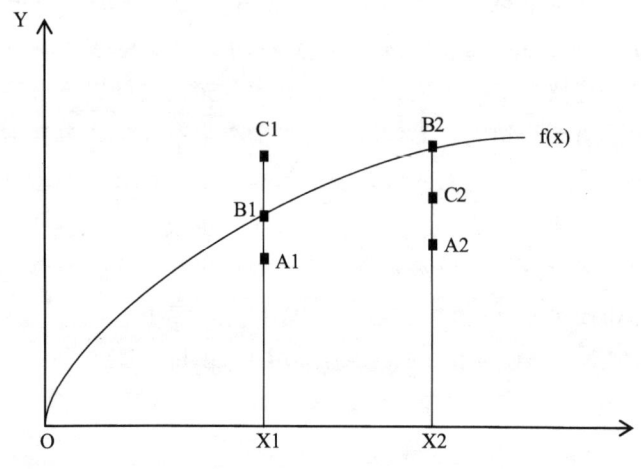

图 4-7 随机生产前沿

资料来源：傅晓霞和吴利学（2006）。

（2）实证研究的基本假设

理论上测算能源利用效率鸿沟应当以微观企业层面的数据作为样本。然而，生产部门是由数量众多的单个企业所构成的，要想对我国生产部门进行无偏的抽样在当前的现实条件下极难做到。在实践中，对微观主体的调研通常只能选择某个较小的区域、行业范围进行，优点在于可以根据研究目的灵活设计问卷，从而获取统计年鉴中没有的信息。调研能够较好地对所观察样本进行观察，对于定性分析具有十分重要的价值。然而，微观调研

第4章 生产部门能源利用效率鸿沟的测度及影响因素

也有很大的限制，一是方法本身包括问卷设计等对数据质量的影响很大；二是由于调研的复杂性通常只能在小范围中开展，即便获得了准确的调研资料，在研究结论向其他行业、地区推广时通常也并不可靠。此外，调查通常只能获得截面数据，要想观察随时间变动的因素就需要定期开展重复调研。调查数据在用于实证检验时，显著性通常不如人意。

由于统计年鉴中只公布了汇总数据，公开途径无法获得企业层面的能源数据，因此，本书假设每个独立的行政省、市、区作为一个大型的生产组织和决策单元，并利用已有的统计年鉴中公布的省、市、区面板数据进行实证分析。鉴于我国各省区在行政和经济生产上相对独立，除去央企等大型企业外，大部分企业的经营活动领域主要发生在一个地区，企业决策主要在当地的经营环境下做出的，假定各个省区企业的能源行为都是（有限）理性决策的，但面对各个省区不同的经营环境而做出不同的生产决策并间接产生能源利用的无效性，这也是较为合理的假设。

（3）模型与样本说明

①模型说明。

本书利用我国省区面板数据和 SFA 方法对能源效率鸿沟进行估计。为了运用 SFA 方法，首先需要对计算公式进行推导。假设有 $i = 1 \sim n$ 个地区组成的样本，第 i 个地区的投入—产出向量组合为（K_i, L_i, E_i, Y_i），K 代表资本投入，L 代表劳动投入，E 代表能源消耗，Y 表示产出。参考 Zhou 等（2012）的做法，可以将能源距离函数 D_E（K_i, L_i, E_i, Y_i）设定为如下形式：

$$\ln D_E(K_i, L_i, E_i, Y_i) = \beta_0 + \beta_K \ln K_i + \beta_L \ln L_i + \beta_E \ln E_i + \beta_Y \ln Y_i + v_i \quad (4-2)$$

其中，v_i 是由函数误设、遗漏变量等因素造成的随机误差项，具有零期望和同方差 σ_v^2，表示生产前沿面要受到随机因素

的影响。根据 Coelli 等人的理论,能源距离函数在能源投入 E 中是线性齐次的,因此有:

$$\ln D_E(K_i, L_i, E_i, Y_i) = \ln E_i + \ln D_E(K_i, L_i, 1, Y_i) \quad (4-3)$$

将式 (4-2) 代入式 (4-3) 中推出:

$$\beta_E = 1 \quad (4-4)$$

将式 (4-4) 代入式 (4-2) 中,有式 (4-5) 成立。

$$\ln\left(\frac{1}{E_i}\right) = \beta_0 + \beta_K \ln K_i + \beta_L \ln L_i + \beta_Y \ln Y_i + v_i - u_i \quad (4-5)$$

$u_i \equiv \ln D_E(K_i, L_i, E_i, Y_i)$ 是与 i 地区的能源利用无效率有关的非负随机误差项,具有大于零的期望和同方差。u_i 和 v_i 的分布相互独立,都与式 (4-5) 中的解释变量不相关。

依据实际情况对式 (4-5) 进行改进,加入技术变化的时间趋势变量 T,可推导出如下的面板数据计算公式:

$$\ln\left(\frac{1}{E_{it}}\right) = \beta_0 + \beta_K \ln K_{it} + \beta_L \ln L_{it} + \beta_Y \ln Y_{it} + \beta_T T + v_{it} - u_{it}$$

$$(4-6)$$

其中下标中的 i 和 t 分别表示第 i 个省市(i = 1, 2, …, 30)和第 t 年(t = 1, 2, …, 16);E 代表各省市的能源消耗;K 代表资本投入;L 代表劳动投入;Y 表示产出;T 表示技术变化的时间趋势。

v 表示随机误差,并且服从对称的正态分布 $N(0, \sigma_v^2)$,是能源利用无效率有关的非负随机误差项。u 服从 $N(\mu, \sigma_u^2)$ 的截断正态分布,并且独立于 v。

②样本说明。

本小节以 1997~2013 年为研究区间,由于西藏数据缺失较严重故不在研究对象内,特此以我国内陆 30 个省市自治区为研究对象。中国香港、澳门、台湾地区的经济与制度基础与内陆差异较大，故不包含在样本内。数据主要来源于历年《中国统计年鉴》、《中国劳动统计年鉴》、各省市统计年鉴、《中国能源统计年鉴》、EPS 数据库和 Wind 数据库。部分省份在某些年份数据缺失，通过地方统计年鉴以及数据平滑方法予以补齐。

产出：以实际生产总值表示，各省份 1997~2013 年生产总值数据来源于《中国统计年鉴》，并取 2005 年为基期根据生产总值指数生成各年份实际生产总值。

能源消耗：企业能源消耗以历年各省的企业能源消费总量表示，笔者将地区能源平衡表中煤炭、石油、电力、天然气等能源实物消费量统一折算成标准煤（单位：万吨标准煤）。除了宁夏 2000~2002 年以及海南 2002 年的能源消费总量数据缺失，笔者通过地方统计年鉴以及数据平滑方法予以补齐，其余数据均来源于《中国能源统计年鉴》。

资本投入：统计年鉴中没有直接公布分省区的固定资本形成额，固定资本存量采用永续盘存法进行计算，并用固定资产投资价格指数平减为 2005 年不变价。具体计算方法参照单豪杰（2008），数据来源于《中国统计年鉴》。

劳动投入：以地区年初和年末从业人员年平均数作为当年的劳动投入。原始数据来自《中国统计年鉴》和《中国劳动统计年鉴》。

4.2.2 能源效率鸿沟测算结果比较分析

基于上述 SFA 模型与面板数据，运用 Frontier 4.1 软件对我国生产部门的能源效率鸿沟模型进行估计的结果如表 4-3 所示。其中，非效率项方差和总体方差的比值 γ 为 0.81，并且在 1% 显著性水平下拒绝 0 假设，这表明前沿函数的误差中 81% 的成分来源于非效率因素的影响，随机前沿模型的设定相当可靠。从估计结果来看，只有时间的系数很小，且不显著，意味着能源投入在样本期间内没有发生明显的技术变化。除劳动投入系数在10%的水平下显著之外，其余各项系数都在1%的显著性水平下拒绝值为0的假设，数据拟合较好。在能源利用无效性模型中，系数的经济含义不如全要素生产函数直接，然而，从系数的绝对值大小可以看出，产出 Y 的系数绝对值最大，意味着产出对能源投入的决定性作用最大，与经济学理论和常识相符。

表4-3　　　　　　　　模型参数的最大似然估计结果

变量	系数	t 值
常数项	-1.197***	-3.64
lnK	-0.178***	-4.18
lnL	-0.114*	-1.57
lnY	-0.528***	-4.83
T	0.006	0.62
σ^2	0.132**	2.05
γ	0.810***	8.82
μ	0.373**	2.32
模型诊断		
Log 函数值	159.299	
LR 统计值	542.619	

注：随机前沿生产函数估计计算采用 Frontier 4.1；*** 表示在1%水平上显著，** 表示在5%水平上显著，* 表示在10%水平上显著。

表4-4中列出了我国各省市1997～2013年生产部门能源利用的无效效应值及排名。无效效应的取值范围是大于等于0的。可以看出，全国平均企业能源利用效率鸿沟约为0.46，有11个省区的企业能源利用效率鸿沟高于全国平均水平。我国不同

地区的企业能源利用鸿沟差异明显,宁夏的能源利用效率鸿沟最大,达到了 1.08,而能源利用鸿沟最小的北京仅为 0.04。从排序中可以看出,鸿沟排序较小的省区多为东部沿海省份,而地区鸿沟排序靠后的省区则多为西部省份。企业能源利用鸿沟呈现出东、中、西部梯次递增的特征。能源利用效率的区域性特征明显也从侧面证明了市场中阻碍我国能源利用效率实现的障碍客观存在。

表 4-4　　1997~2013 年中国地区能源效率无效性均值及其排名(升序)

排名	省市	数值	排名	省市	数值
1	北京	0.04	16	湖南	0.38
2	广东	0.05	17	重庆	0.39
3	浙江	0.06	18	陕西	0.46
4	江苏	0.14	19	湖北	0.46
5	江西	0.16	20	辽宁	0.52
6	福建	0.19	21	吉林	0.59
7	上海	0.26	22	云南	0.60
8	安徽	0.26	23	甘肃	0.63
9	天津	0.33	24	河北	0.71
10	黑龙江	0.35	25	内蒙古	0.74
11	河南	0.37	26	贵州	0.82
12	广西	0.37	27	新疆	0.83
13	四川	0.37	28	山西	0.83
14	山东	0.37	29	青海	0.99
15	海南	0.38	30	宁夏	1.08

能源利用效率鸿沟的大小与能源利用效率之间存在着对应关系,即鸿沟越大意味着效率越低,反之亦然。因此,对于某个实际能源利用效率水平,以鸿沟大小反映出来的效率水平与采用其

他指标衡量的效率应当具有较强的一致性。将生产部门能源利用鸿沟与依据同一批数据测算出的能源强度进行比较，可以看出二者的相关性较高，如表4-5所示。分别对各省市生产部门的能源强度和能源利用效率鸿沟的历年均值进行从高到低排序，可以发现在能源效率最高的十大省市中相同的有8个，在能源效率最低的十大省市中重合的也为8个。而省区的具体排名顺序有一定差异，例如北京的效率鸿沟水平表现最高，但能源强度仅排名第八；黑龙江的效率鸿沟水平表现处于全国前十，能源强度水平却落入了后十名。各省市能源利用效率历年平均值的相关度较强，Pearson相关系数为0.9111，Spearman相关系数为0.8923，在1%的水平上显著。总体上，以能源强度和效率鸿沟表征的能效利用情况是一致的。这说明随机前沿分析测算出的能源利用无效值能够较好地反映我国真实能源利用效率鸿沟水平及其变化趋势。

表4-5　　　　生产部门历年能源强度和能源利用鸿沟最高和最低的10个省市及排名（升序）

	十大高效率省市			十大低效率省市	
排名	强度	鸿沟	排名	强度	鸿沟
1	广东	北京	21	海南	吉林
2	浙江	广东	22	黑龙江	云南
3	福建	浙江	23	云南	甘肃
4	上海	江苏	24	河北	河北
5	江苏	江西	25	甘肃	内蒙古
6	天津	福建	26	山西	贵州
7	山东	上海	27	贵州	新疆
8	北京	安徽	28	青海	山西
9	河南	天津	29	宁夏	青海
10	江西	黑龙江	30	新疆	宁夏

4.3 中国生产部门能源利用效率鸿沟的影响因素及实证检验

国内一些研究表明我国生产部门的能源利用效率可能受到管理层认知水平（即组织行为障碍）的影响。李玮（2011）认为，企业节能减排不力的主要原因是认识上欠缺、实施节能减排的能力低下。企业负责人较多地关注生产经营，节能意识相对淡薄（赵晓丽等，2012）。更多的研究则认为外部环境才是造成能源效率障碍的主因。不少针对企业的调查研究表明经济效益是影响企业节能减排的关键因素（刘莉等，2011；邢璐和石磊，2010），我国能源价格水平偏低，对于能效投资的激励作用较弱（周宏春，2007；邹艳芬，2012）。不少学者指出了体制机制因素的影响，如周宏春（2007）认为，由于价格没有真实反映用能成本，一些地方政府在快速追求GDP的驱动下热衷于发展高耗能的产业。刘莉等（2011）指出，节能相关政策的不够细化，为企业实施节能降耗带来了很大的挑战。对于中国企业节能的阻碍因素，Wang等（2008）总结为：能源节约意识欠缺、技术和管理经验欠缺、融资困难或资金缺乏、有限的政策框架、研究人员或训练有素的人力资源欠缺、公共参与不足、数据和信息不充分、较高的投资风险、既得利益的反对、不合理的工业结构、战略规划的欠缺、合理生产技术的缺乏以及激励支持不足。

综合我国学者们的观点以及本章第一节中的各种能源效率障碍因素，除了组织行为障碍因素以外，本书推测我国生产部门的能源利用效率外部的障碍因素主要包括未定价的外部性、不完全信息、错误激励、资金缺乏和投资风险，本书相应地选取了能源价格（未定价的外部性）、经济的市场化程度（不完全信息）、环境规制（错误激励）和金融市场发育度（资金缺乏和投资风险）作为待检验的外部障碍因素，并选取了人力资本（与认知管理能力正相关）作为组织行为障碍因素的代理变量。下文以2006～2013年我国30个省为样本，从两个角度对造成生产部门能效障碍的因素的作用力进行实证检验。一是，通过选取合理的障碍因素代理变量，直接测算相关因素对能源利用无效性的贡献。二是，本节的计算结果可以与上一节中的计算结果进行比较，对比政策干预前后（即考察导致鸿沟的因素减弱之后）生产部门能源利用效率鸿沟是否发生了变化，实现反事实分析。本书的影响因素模型之所以选取2006～2013作为样本期正是出于这个考虑。2006年，在《国民经济与社会发展"十一五"规划》中，中国首次提出了使能源强度下降20%的约束性目标，实现目标的主要方法是对重点行业采取行政措施，后续在"十二五"规划中也持续贯彻了提高能源效率的政策。因此，2006年可以作为对比我国能源效率政策的分界点。

4.3.1　影响因素变量的选取与数据来源

（1）变量说明

金融市场发育度INV：目前国内还很少有研究关注金融市场对能源利用效率的影响，实证研究更匮乏。企业提高能源利用效率的一个重要途径是进行能效投资。企业在更新生产设备、购置高效节能技术时需要大量资金支持，但能效投资面临着流动性约束，通常需要在资本市场中寻求融资，而金融市场的发育程度直接制约着企业的融资渠道、融资成本和分散风险的可能性。金融市场越发达的地区，企业的融资渠道越广，越有可能以较低的成本获得融资的机会。本书以金融业增加值占GDP的比重作为地

第4章 生产部门能源利用效率鸿沟的测度及影响因素

区金融发展程度的代理指标。

环境规制 POL：环境制度缺位是对能源市场失灵的放任，环境规制的作用在于纠正能源使用的负外部性，市场失灵需要政府用看得见的制度之手引导合理用能。环境规制一方面通过激励企业从长远的角度重新进行资源配置，即直接增加能效研发、能效投资、加强能源管理，从而降低企业的长期能源消耗和排污水平；另一方面通过成本—收益淘汰机制，提高企业整体的能源利用水平。国际上通常采用的对环境制度的度量指标主要有两类：一类是投入指标，如环保人员数、环保经费额、污染治理投资额等；一类是产出指标，如各种达标率、污染物排放削减量等。我国环境年鉴中提供了多种可以选择的指标，如污染治理投资额、排污费征收总额、污染物的达标排放率、三项同时执行率等。从环境规制结果的角度来对环境规制强度进行表征能够较好地避免单一指标的缺陷（高志刚和尤济红，2015），本书选取环境规制下的污染物排放强度，即单位 GDP 工业废气的排放量作为地区的环境规制松弛度指标。

经济的市场化程度 MKT：市场化程度越高，对资源有效配置的能力越强，能效障碍出现的可能性越小；反之，市场化程度越低，越容易造成能源配置无效。对市场机制的健全程度的衡量比较困难，以往的研究提出了多种指标，例如地区人均 GDP、外商直接投资额、外商直接投资占 GDP 的比重、货物进出口总额占 GDP 的比重、工业总产值中非国有企业的比重、全社会固定资产投资中非国有经济的份额、非国有经济职工人数所占的比重、樊纲市场化指数等。樊纲市场化指数是一种较为全面的综合性指标，较为真实地反映了地区市场化程度的差异，受到广泛引用，但遗憾的是樊纲市场化指数只有 2009 年以前的数据，不能反映此后市场的新变化。李静和饶梅先（2011）对樊纲市场化与工业总产值中非国有企业的比重进行了相关性比对,发现二者的关联性极高。因此,本书用地区工业总产值中非国有企业的比重作为市场化程度的代理变量。

人力资本 EDU:理论上企业员工和管理者的受教育程度越高,对信息的搜集、处理以及对新技术的消化吸收能力也越强,有利于降低企业的组织行为障碍。本书以地区人口的受教育水平作为组织行为能力的替代变量。借鉴傅晓霞和吴利学(2006)、陈德敏等(2012)的计算方法,以不同受教育层次的就业人口比重和受教育年限折算加权值,受教育年限的具体赋值为:文盲 0 年,小学 6 年,初中 9 年,高中 12 年,大专 14 年,大专以上 16 年。

能源价格 P:价格是市场的信号,能源价格低于有效水平会向市场传递错误信号,造成企业能源投入浪费和能效投资激励不足。我国没有对能源价格的绝对值进行系统统计。企业使用的能源品种众多,几乎涉及所有能源品种,不大可能依据各种能源的价格和用量进行加权。本书借鉴以往研究的方法(如师博和张良悦,2008;李梦蕴等,2014),采用原材料、燃料、动力购进价格指数作为近似替代。

控制变量 CTR:本书中将各个省区的生产部门假设为一个大型企业集群,共同作为一个决策单元。但考虑到能源成本在不同行业的成本中所处的地位存在差异,对于能源效率障碍因素的敏感性也存在差异,因此,以各省区工业总产值占 GDP 的比重作为省区"企业组织"内部差异的控制变量。

(2)数据说明

本小节以 2006~2013 年为研究区间,以我国内陆 30 个省市自治区的面板数据作为样本,不包括西藏、香港、澳门和台湾地区。除了环境数据来源于历年《中国环境年鉴》,其余数据的来源与前小节中一致,此处不再赘述。需要说明的是,由于 2013 年就业人口受教育的相关统计数据尚未公布,本书根据各省区在 2006~2012 年间的平均增长率进行递推来得到所需数据。

4.3.2 影响因素模型

对能源鸿沟影响因素分析的一种方法是,直接利用上一个小结中测算的非效率值作为被解释变量,并选取合适的因素变量作为解释变量进行回归分析。这种先计算效率再进行影响因素回归的两步分析方式在早期的研究中,尤其是借助 DEA 方法研究能源效率影响因素的文献中尤为常用。Battese 和 Coelli(1995)提出了一种更为有效的检验方法,在 SFA 函数中直接对影响因素的作用进行估计,这种方法不仅具有便利性,更重要的是能提高估计的准确度,被俗称为 BC(95)模型。简言之,是在式(4-6)的基础上,额外建立一个表达影响因素和非效率项关系的辅助函数,在测算非效率值的同时进行影响因素估计。具体而言,假定能源利用无效率有关的非负随机误差项 u 服从 $N(\mu, \sigma_u^2)$ 的截断正态分布,同时假定 μ 为各种影响因素的函数,如式(4-7)所示。

$$\mu_{it} = \xi_0 + F_{it}\xi \tag{4-7}$$

式(4-7)中,ξ_0 为常数项,F_{it} 代表影响技术非效率的变量,ξ 表示影响因素的系数向量。如果系数的符号为正,则表明该因素对技术无效效应有正的影响,反之则说明对技术无效效应有削弱作用。

本书选择 Battese 和 Coelli(1995)的 SFA 模型作为影响因素检验的方法。将本书待检验的影响因素,即金融市场发育度 INV、环境规制 POL、经济的市场化程度 MKT、人力资本 EDU、能源价格 P 和控制变量 CTR(产业结构)分别代入式(4-7)

中，从而构建出本书实际使用的能源无效性影响因素分析的完整模型，其表达形式如式（4-8）所示。变量 E、K、L、Y、T 的含义与前文相同，分别代表能源、资本、劳动、产出和时间趋势；i 和 t 分别表示地区和年。

$$\ln(\frac{1}{E_{it}}) = \beta_0 + \beta_K \ln K_{it} + \beta_L \ln L_{it} + \beta_Y \ln Y_{it} + \beta_t T + v_{it} - u_{it}$$
$$(4-8a)$$

$$\mu_{it} = \xi_0 + \xi_1 P_{it} + \xi_2 INV_{it} + \xi_3 POL_{it} + \xi_4 MKT_{it} + \xi_5 EDU_{it} + \xi_6 CTR_{it} \quad (4-8b)$$

4.3.3 结果分析

（1）回归结果分析

从表 4-6 的回归结果中可以看出，模型的 Log 函数值和 LR 统计值均较大，方差比 γ 值非常接近于 1，且在 1% 的水平下显著从而拒绝了非效率不存在和模型缺乏解释力的假设。各项回归系数的统计特征表现良好，除了主函数常数项的系数之外，其余各项变量的系数均通过了 10% 的显著性水平，绝大部分变量回归系数的 t 检验值在 1% 的水平下是显著的。模型对数据的总体解释力较强。本小节最关心的是影响因素的回归结果，接下来着重对影响因素进行分析。

表 4-6　随机前沿函数及影响因素的估计结果

变量	系数	t 值
常数项	-0.344	-1.05
lnK	-0.186**	-2.30
lnL	-0.055*	-1.57
lnY	-0.680***	-10.22

续表

变量	系数	t 值
T	0.092***	5.12
非效率常数	0.538*	1.65
CTR	0.644**	1.98
P	-0.214*	-1.53
INV	-2.153***	-2.59
POL	0.135***	8.91
MKT	-0.592***	-4.90
EDU	-0.065***	-3.36
σ^2	0.036***	9.01
γ	0.999***	22.07
Log 函数值	69.309	
LR 统计值	178.767	

注：随机前沿生产函数估计计算采用 Frontier 4.1；*** 表示在 1% 水平上显著，** 表示在 5% 水平上显著，* 表示在 10% 水平上显著。

从各项影响因素的系数绝对值来看，金融市场发育程度的变量系数最大，为 -2.15，而且在 1% 的水平下拒绝了零假设。从系数的符号为负数可以看出，金融市场发育程度提高促进了无效效应的下降。而且能源利用的无效效应对金融市场化程度十分敏感，金融市场化程度的提高将使能源利用的无效性成倍下降。反过来也就意味着，金融市场发育不足导致了企业能源利用的非效率。金融市场不健全是我国企业和生产部门能源利用非效率的主要影响因素之一。

从工业非公有制经济比重中直接反映了企业进出市场的壁垒和市场表现活跃程度。经济市场化程度的系数为 -0.59，在 1% 的显著水平下通过了检验，说明市场机制起到了提高资源配置效率的作用,而市场化程度也限定了市场机制所能发挥的作用的大小。经济市场化程度与能源利用非效率直接的负向关系表明经济发展的市场化程度也是生产部门能源利用效率的主要制约因素之一。经济市场化程度的重要作用在许多学者对能源利用效率影响因素的研究中得到了普遍证实。

工业单位 GDP 排放强度的系数值为 0.14,并且显著性非常突出。工业单位 GDP 排放强度是在既定的环境制度下企业理性选择的结果,与环境规制的效率之间是反向关系,排放强度越高表明环境制度的约束越弱,反之则表明制度的约束力强。排放强度与能源利用效率鸿沟之间的显著正相关性,恰好证明了环境规制薄弱、对能源外部性的放任构成了企业的能源效率障碍。

能源价格与生产部门的效率鸿沟呈负相关,说明提高能源价格能够激励企业加强能源的有效利用。即便不考虑外部性成本,在当前受管制的价格机制下,能源价格也未能反映能源的稀缺性,甚至未能完全反映生产成本(不少能源供应企业长期亏损),导致企业能效投资的激励不足,能效投资回报不高,自然也就不会成为企业优先考虑的对象。但价格的调节作用受制于市场机制的完善程度,当前的价格约束对企业能源利用非效率的影响有限,这也就是造成价格因素对企业能效鸿沟影响的显著性偏弱的原因。

人力资本因素的系数虽然较小,但却与能源效率鸿沟显著负相关,说明企业组织行为障碍是造成企业能源效率鸿沟的因素。在市场不完全、信息有限的条件下,企业自身的信息处理、判断、技术吸收和管理能力确实造成了企业能效表现的差异。

此外,控制变量,也就是产业结构因素与生产部门能源利用的无效性也是高度相关的。生产部门是企业个体的集合,不同类型企业的多寡自然会影响总体组合的能效表现,高能耗个体越多

第4章 生产部门能源利用效率鸿沟的测度及影响因素

则能源利用效率问题也就越严重。

综合上述分析表明,企业能源效率鸿沟的产生既有企业自身(员工和管理者受教育程度)的因素,也有众多外部因素。虽然教育与能源效率无效效应呈显著负相关说明企业自身的组织行为障碍对其能源利用产生了不利的影响,但包括金融市场发育程度、经济市场化程度、环境制度、能源价格在内的外部因素的影响更大也更显著。这说明造成我国企业能源利用非效率的主要因素还在于企业所处的经营环境,即市场因素,除了通常的市场障碍和市场失灵之外,市场机制(包括金融市场、要素市场、产品市场)不完善很大程度上导致了市场对资源配置的能力较弱。

(2)反事实能效政策干预效果分析

虽然早在1997年政府便通过了《中华人民共和国节约能源法》,但相关条款大多仅仅是原则性的,缺乏强制性惩罚措施和执法手段,也未能明确执法和监督主体。一直到2004年节能中长期规划出台以后,政府才开始逐步落实节能管理(袁家海和胡兆光,2010)。2005年,政府在《国民经济与社会发展"十一五"规划》中首次将能源强度约束目标列入其中,并将节能目标分解到地区,对相关部委、各级地方政府提出了责任要求。"十一五"规划之后紧接着就密集出台了《十大重点节能工程实施意见》、《千家企业行动》、取消高耗能产品出口退税等一篮子政策措施。因此,可以将2006年作为我国能源效率政策制度的分界点。

如果政策调控的作用很小,那么在企业经营的环境没有发生重大改变的条件下,企业应当维持其原有的能源行为方式,生产部门在2006~2013年之间的能源行为与1997~2013年之间的行为应该不会有大的变化。反之,如果新的制度约束确实减轻了企业的能源效率障碍,那么应该能观测到生产部门的能源行为在政策执行前后两个时期发生改变。在前面已经分别对 1997~2013 年和 2006~2013 年两个阶段生产部门的能源前沿函数进行了估计，可以对两个阶段的估计结果进行比对。虽然本书在对 1997~2013 年和 2006~2013 年两个阶段的估计中，对非效率项的设定有区别，但 Frontier4.1 估计程序中的随机前沿估计实际上遵循了三个步骤，第一步是普通最小二乘估计，除截距项之外，对其余系数的估计是有效的。这个阶段的估计值不涉及误差项的假设，因此不受误差项设定的影响，可以用来对 1997~2013 年和 2006~2013 年生产部门是否产生了能源行为变化进行比对。

从表 4-7 的分阶段估计结果可以看出，2006 年以后模型的系数和显著性都发生了较大的变化。估计 2（2006~2013 年）和估计 1（1997~2013 年）最大的不同在于产出和时间项的估计结果。对于 2006~2013 年的数据样本，时间 T 的系数值是 1997~2013 年系数值的 4 倍多，显著性也大幅提高，表明能源利用的技术发生了小幅但肯定的技术进步。2006 年以后产出的估计系数明显增大，显著性也有所提高，表明能源投入与产出之间的关联性加强，能源要素利用更为集约。2006~2013 年期间能源利用的无效效应明显下降，表明能效政策发挥了作用。

表 4-7　1997~2013 年和 2006~2013 年估计最小二乘结果对比

变量	估计 1：1997~2013 年		估计 2：2006~2013 年	
	系数	t 值	系数	t 值
lnK	-0.222***	-3.86	-0.136**	-2.24
lnL	-0.149***	-5.43	-0.083**	-2.02
lnY	-0.408***	-6.54	-0.580***	-7.57
T	0.013**	2.03	0.056***	5.00

注：随机前沿生产函数估计计算采用 Frontier 4.1；*** 表示在 1% 水平上显著，** 表示在 5% 水平上显著，* 表示在 10% 水平上显著。

第4章　生产部门能源利用效率鸿沟的测度及影响因素

4.4　本章小结与政策含义

本章研究的主要问题是测度生产部门的能源效率鸿沟并对效率鸿沟的影响因素进行实证检验。本章首先基于生产部门的能源利用效率前沿模型和全国30个省区的面板数据测算了生产部门的能源效率鸿沟，证明了能源效率鸿沟存在，并且通过鸿沟值与能源强度的对比验证了测算结果是有效的。其次，本书采用包含影响因素变量的SFA模型检验了金融市场发育程度、经济市场化程度、能源价格、环境规制、人力资本和产业结构对生产部门能源利用效率鸿沟的影响。实证结果表明生产部门的能源效率鸿沟对金融市场发育程度最为敏感，弹性的绝对值大于1，呈显著负相关；经济市场化程度和能源价格、环境规制和产业结构对能源效率鸿沟具有显著影响；人力资本的系数虽然较小，但却与能源效率鸿沟显著负相关，说明组织行为障碍也造成生产部门能源效率鸿沟的因素。通过对比2006年前后两个时期生产部门能源效率函数的变化发现，"十一五"时期以来，环境政策的收紧和能效制度的形成对促进生产部门能源效率的提高产生了明显的效果。

总体上看，虽然生产部门自身的组织行为障碍对能源利用效率鸿沟产生了影响，但更为重要的障碍因素还在于市场本身。我国金融市场发育不足是对生产部门能效鸿沟影响最大的因素，应加大金融市场，尤其是能效融资市场的建设。能源价格受到管制、经济的市场化程度较低严重制约着能源的有效配置，亟待通过深化市场改革释放市场活力。环境规制薄弱也具有严重的不良后果。近年来我国工业重心呈现出向中部和西部转移的趋势，然而，中西部地区除了拥有更为丰富的廉价劳动力以外，环境规制的缺位却成为吸引高耗能、高污染行业的诱导因素。不少研究指出东中西部之间的产业转移具有污染天堂的性质。面对发达地区日益完善的环境制度约束，这些企业不是通过增加能效投资和能源管理来提高能源利用效率，反而转向了环境规制薄弱的中西部地区，逃避环境规制，造成地区能效水平差距拉大，区域非平衡发展加剧。"十一五"时期以来，环境政策的收紧和能效制度的形成产生了明显的效果。但是到目前为止中国政府仍然主要依靠强制性手段促进企业节能，不少研究指出行政手段的负面影响较大，不能发挥生产部门的主动性。因此，能效政策的制定需要考虑企业能源行为的影响因素及政策诉求，这样才能发挥其积极性。

生活部门能源利用效率的影响因素

生活部门能源消费占我国能源消费总量的11%左右,为仅次于工业的第二大能耗部门。改革开放以来,随着人民生活水平的提高,居民日常消费用品、家用电器、休闲娱乐设备、交通通讯服务消费的种类和结构不断增加。作为一种衍生需求,我国居民生活用能的数量和质量都发生了较大的变化,人均能源消费的数量和优质能源消费的比重显著增加。2000年以来居民能源消费的增长速度明显加快,1980~2000年这二十年间人均生活能耗只增加了35%,而近十余年来人均生活能耗增长了超过1.5倍。随着我国工业化和城镇化进一步推进,我国居民生活能源消费将会持续增长。因此,提高居民部门的能源效率对于减轻能源和环境压力具有重要意义。本章从居民能源行为影响因素的理论分析出发，提炼出居民能源行为的主要影响因素，包括经济因素中的收入、价格以及非经济因素中的消费心理、习惯，继而分别以杭州居民电力消费的调查数据和省级面板数据为样本，利用微观家庭和生活部门数据，对经济、非经济因素对中国居民能源消费的影响进行了实证检验。此外，本书以杭州的峰谷阶梯电价为例对非线性定价的节能减排效果进行了探讨。

5.1 生活部门能源消费的总体情况与居民能源行为的理论分析

5.1.1 生活部门能源消费的总体情况

居民部门正在成为我国能源消耗的主要增长源。居民生活能耗约占中国能源消费总量的11%，是工业之外我国的第二大能耗领域。如果考虑居民的私人交通出行所致的能源消耗，那么居民能源消费占比会更高。目前，我国农村居民人均能源消费远低于城镇居民，但随着城镇化快速推进和居民生活水平提高，生活部门能源消耗不断增加，正在成为能源消费的主要增长源。同时，居民生活能源消费的清洁程度有所改善，煤炭比重大幅下降，优质商品能源的消费比重上升。

（1）能源消费的总量和结构

生活能源消费的总量和结构与购买力密切相关，随着居民收入和生活水平的提高，我国生活能源总量稳步提升。我国居民生活能源消费总量从1980年的11015万吨标准煤到2013年的45531万吨标准煤，增长了3.13倍；居民人均生活能源消费从1980年的97.7千克标准煤上升到2013年的335千克标准煤，增长了2倍多。另一方面，2000年以后居民能源消费的增长速度明显加快，1980~2000年这二十年间人均生活能耗只增加了35%，最近十余年来（2000~2013年）人均生活能耗增长了超过1.5倍。

居民生活中优质能源使用的比例显著提升，能源消费的结构改善明显。1991年以前居民消费的变化以增长为特点，1991年以后生活能源消费结构开始发生变动（邹艳芬，2012）。具体表现为煤炭消费的绝对量和比重大幅下降，电力和石油消费大幅上涨，天然气和其他能源的消费比重也呈现出不同程度的上升，如图5-1所示。居民生活直接能源消费中，煤炭消费量由1991年的12712.9万吨标准煤下降到了2013年的7428.3万吨标准煤，煤炭消费比重从88%下降为23%；而同期电力、石油、天然气和其他能源的消费量都上涨了10倍以上。1991~2013年，电力和石油的消费比重分别从4%和4%上升为26%和23%，天然气和其他能源的消费比重则分别从2%和2%上升为13%和15%。

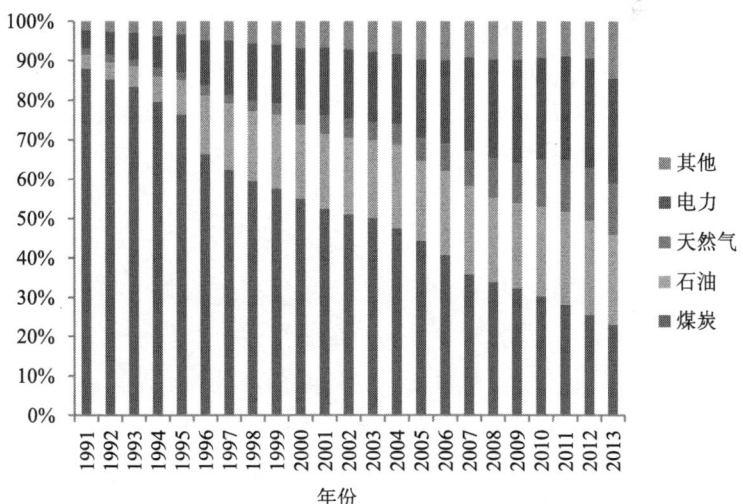

图5-1 1991~2013年居民生活用能结构

居民人均生活能源消费的情况亦发生了很大的变化，人均生活电力消费量大幅增长，人均电力消费量从1991年的不足50千瓦小时/人上升到了2000年的115千瓦小时/人，到2013年则跃升为515千瓦小时/人①，增长了30多倍，如图5-2所示。国际发展经验表明，当人均国民收入达到一定水平（约3000美元/年）之后，人均能源消费，尤其是电力消费与居民生活质量之间呈正比例增长关系（邹艳芬，2014）。与此同时，人均耗煤量大幅下降，1991~2013年人均生活煤炭消费量从143千克下降为68千克，下降幅度超过了50%。此外，人均民用煤油的数量稳步下降，液化石油气、天然气、煤气的消费量逐步上升。

居民能源消费的数量和结构变化与居民能耗设备的拥有量和种类的变化是一致的。近年来居民耗能设备的拥有量迅速增长，居民拥有的耐用品从无到有，从低档单一向高档多样转变。从家庭耐用品的拥有数量可以看出居民能源消费行为的变化，从生存能源消费向享受型能源消费转变（见表5-1）。改革开放之初，人均月收入仅30多元，而一台进口彩电的价格是3000元，普通居民没有购买能力（张敏，1995）。随着收入水平的提高，1990年城镇居民家庭每百户的彩电拥有量达到了59台，农村居民家庭每百户的黑白电视和彩色电视拥有量分别达到了约40台和5台。2000年以后，耐用品的统计种类大幅增加，新增的耐用品包括组合音响、淋浴热水器、计算机、摄像机、微波炉、健身器材、移动电话、家用汽车等。大功率家用电器不断增加，家用汽车逐步普及，居民对生活舒适、便捷的追求明显增加。城镇居民家庭每百户的家用汽车拥有量从2000年的0.5辆到2012年已增

---

① 目前我国居民部门实行阶梯电价，第一档标准的设计初衷是覆盖80%家庭，第一档标准最高的是上海，为260度/月，最低的省市也在150度/月左右。

第5章 生活部门能源利用效率的影响因素

加至超过21辆。居民生活电力和石油消费比重的增加是由于居民对计算机等耗电用品和汽车等耗油用品的使用引起的,居民能源消费的数量和结构与居民家用设备的拥有情况和生活方式密不可分。

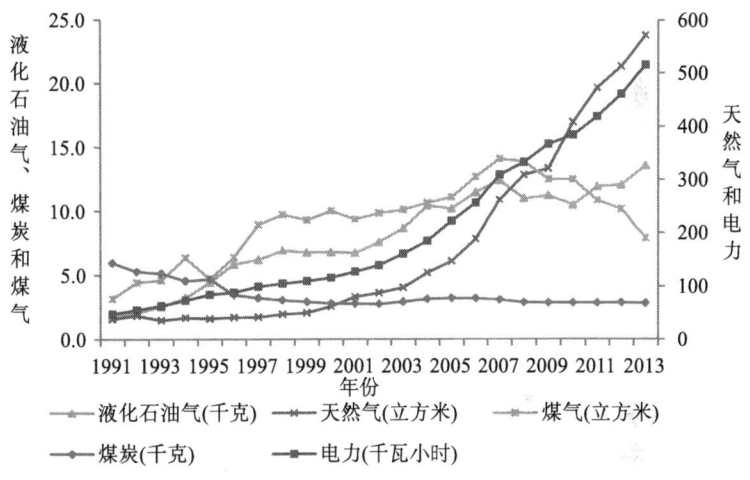

图5-2 1991~2013年人均生活用能量

资料来源:《中国能源统计年鉴2014》。

表5-1 城镇和农村居民平均每百户年末主要耐用消费品拥有量

指标		城镇				农村			
		1990年	2000年	2005年	2012年	1990年	2000年	2005年	2012年
摩托车	(辆)	1.94	18.80	25.00	20.27	0.89	21.94	40.70	62.20
洗衣机	(台)	78.41	90.50	95.51	98.02	9.12	28.58	40.20	67.22
电冰箱	(台)	42.33	80.10	90.72	98.48	1.22	12.31	20.10	67.32
彩色电视机	(台)	59.04	116.60	134.80	136.07	4.72	48.74	84.08	116.90
组合音响	(套)	—	22.20	28.79	23.63	—	—	—	—
照相机	(台)	19.22	38.40	46.94	46.42	0.70	3.12	4.05	5.18
空调	(台)	0.34	30.80	80.67	126.81	—	1.32	6.40	25.36
淋浴热水器	(台)	—	49.10	72.65	91.02	—	—	—	—

续表

指　　标	城镇				农村			
	1990年	2000年	2005年	2012年	1990年	2000年	2005年	2012年
计算机　　（台）	—	9.70	41.52	87.03	—	0.47	2.10	21.36
摄像机　　（架）	—	1.30	4.32	10.00	—	—	—	—
微波炉　　（台）	—	17.60	47.61	62.24	—	—	—	—
健身器材　（套）	—	3.50	4.68	4.27	—	—	—	—
移动电话　（部）	—	19.50	137.00	212.64	—	4.32	50.24	197.80
固定电话　（部）	—	—	94.40	68.41	—	26.38	58.37	42.24
家用汽车　（辆）	—	0.50	3.37	21.54	—	—	—	—
抽油烟机　（台）	—	—	—	—	—	2.75	5.98	14.69
自行车　　（辆）	—	—	—	—	118.33	120.48	98.37	78.97
黑白电视机（台）	—	—	—	—	39.72	52.97	21.77	1.44

（2）城乡居民能源消费特点

我国城乡居民的能源消费呈现出差异性。第一，城乡居民人均生活用能量存在差异，农村居民用能量整体水平低于城镇居民。1980年以来，城乡居民生活用能总量都在快速增加，城镇生活能源消费总量由1980年的5749万吨标准煤增加到2013年的25725.6万吨标准煤，增长了3.5倍，而农村生活能源消费总量则增长了2.8倍。如果仅考虑商品能源，2013年城镇居民生活能源消费总量大约为农村的1.3倍，城镇居民人均生活能耗大约为农村的1.2倍，且由于近年来农村人均生活能源消费的增长速度加快，城乡居民人均能源消费的差距不断缩小（见图5-3）。由于农村生活商品能源消费的比重不到30%，将非商品能源考虑在内，农村生活直接能耗要高于城镇。城镇居民平均拥有的高档耐用品种类和数量都远多于农村，若加入间接能源消费，城镇居民的人均生活能源消费是农村居民的3倍以上（秦翊，2013）。2011年中国城镇人口超过50%，城镇化进入重要的战略转型时期。随着城镇化的持续推进，假设居民生活能源消费保持现

第5章 生活部门能源利用效率的影响因素

有水平不变,那么中国人口达到 16 亿,城镇化水平达到 70% 时,则意味着城镇生活能源消费至少需要增加 5.32 亿吨标准煤。

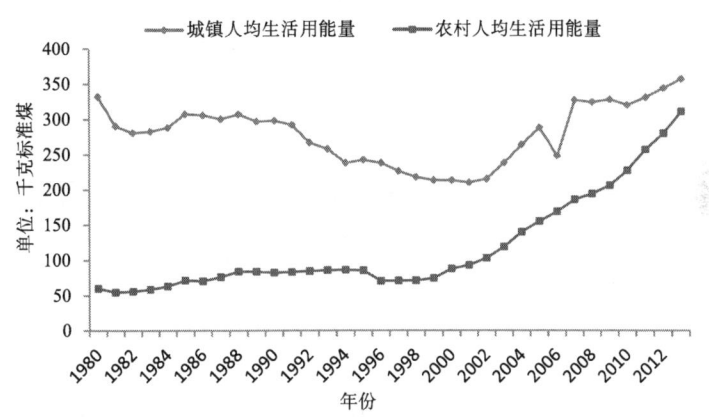

图 5-3 1980~2013 年我国城乡居民生活用能情况

资料来源:《中国能源统计年鉴 2014》。

第二,城乡居民能源消费结构呈现出明显的差异(见图 5-4),城镇以商品能源为主,农村以非商品能源为主,但是商品能源比重在逐步提高。近年来,城镇居民生活用能结构中清洁能源消费比重开始逐步上升,煤炭消费在城镇生活能源消费中的比重开始逐步下降。2000~2013 年,城镇生活能源消费总量增长约 1.7 倍,而同一时期煤炭消费量从 2068 万吨标准煤下降到 1029 万吨标准煤,煤炭直接消费的比重下降到了 7%;油品(包括汽油、煤油、柴油和液化石油气等)、天然气、电力等优质能源则分别增长了 1.9 倍、8.7 倍、4.2 倍。城镇居民的煤炭用量下降,而电力、油品、天然气、热力的消费量快速上升,城镇生活用能结构变动反映了能源替代的趋势,也反映出居民生活质量的变化。而农村居民电力、油气等优质能源比重在逐步增加,但仍以秸秆(45%)、薪柴(26%)、沼气(2%)等生物质能和煤炭（14%）为主。据统计年鉴数据测算，1991年农村生活商品能源率仅为0.19，2005年商品能源率增加到0.25，2010年商品能源率约为0.27。

　　在农村居民生活水平普遍低于城镇居民的现实条件下，农村居民的实际人均直接能源消费（商品能源和非商品能源）却高于城镇居民，这说明农村居民的能源利用效率低下。城乡能源利用效率差异的直接原因在于城乡用能种类与用能方式的差异，城镇居民生活终端用能结构主要以电力、油品、天然气等转换效率较高的能源为主，大都采用集中式的能源供应和高效的用能设备。农村居民对生物质能和煤炭的利用往往采用简单分散的燃烧方式来满足炊事和采暖需求，能源转化的损失较大，利用效率低，农村居民的能源利用效率亟待改善，可再生能源的规模化利用有待推进（程胜，2014）。

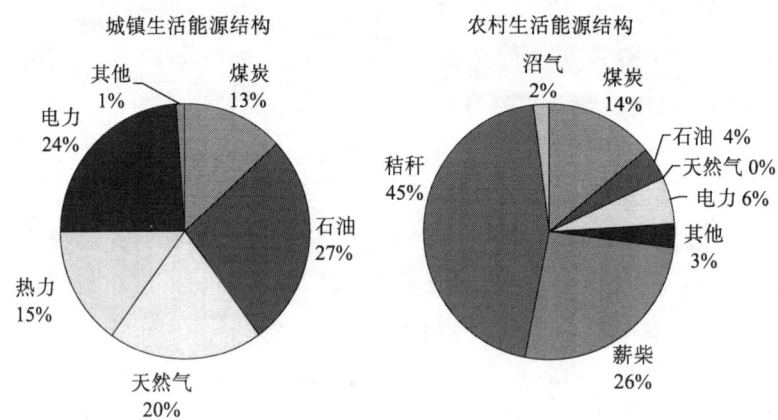

图5-4　2010年中国城乡居民生活用能结构

　　资料来源：城镇和农村生活商品能源消费数据来自《中国能源统计年鉴2011》，但自2008年起《中国能源统计年鉴》便不再对非商品能源进行统计，农村生活非商品能源数据来自李延庆（2013）基于《中国农村统计年鉴》和IEA数据的整理。

第5章 生活部门能源利用效率的影响因素

（3）生活部门能源消费变动与经济增长

从图 5-5 中可以看出，居民生活能源消费的变化趋势可以大致以 1998 年为界分为两段；1981~1998 年期间，居民生活能源消费的增长速度较慢，在一些年份中甚至出现了负增长；1998 年以后，居民生活能源消费则出现了快速增长，尤其是 1998~2004 年间呈现出爆发式的快速增长。由此可知，居民生活能源消费并不是随着实际 GDP 的变化而同比变化，1981~1998 年期间，居民生活能源消费的变化明显滞后于实际 GDP 的增长，甚至是反向、脱轨变化的；1998 年以后，经济增长较为平缓，但居民生活能源消费则呈现出快速增长的态势。居民生活能源消费变动与实际 GDP 变动的关联性并不明确。居民能源消费对经济因素变化的响应表现出滞后和脱轨的现象表明，经济因素与居民能源消费的关系可能较为复杂，而其他一些因素对居民能源消费具有重要影响。

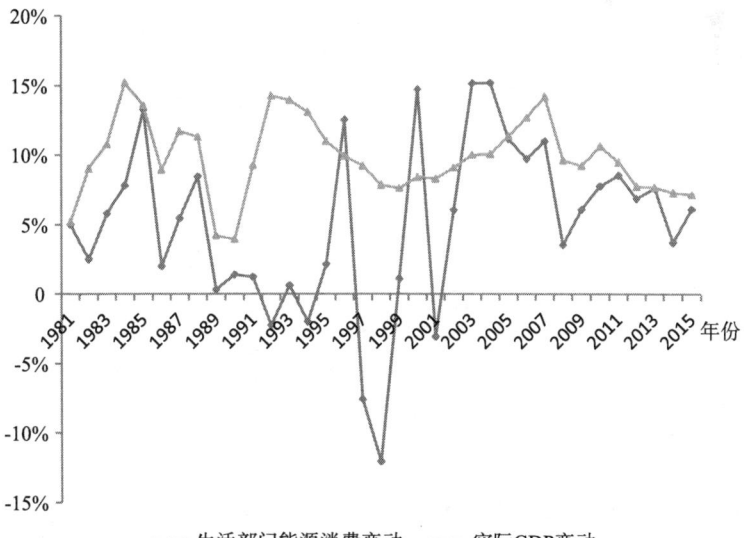

图 5-5　GDP 增长率与生活部门能源消费变化

总体上来说，生活部门能源消费变动的阶段性特征十分明显，2000年以前生活能源消费的增长速度缓慢甚至出现负增长，以至于生活能源消费在能源消费总量中的占比下降；而2000年以后居民能源消费的增长速度明显加快，居民能源消费的占比出现回升。能源消费结构的改善较大，伴随着生活水平提高和生活方式变迁，人们对优质能源的需求不断增加，能源消费结构从以煤炭为主过渡到了以电力和石油为主。居民能源消费与经济因素变化的同步性不强，表明经济因素与居民能源消费的关系可能较为复杂，而其他一些因素对居民能源消费具有重要影响。

5.1.2　居民的能源行为的理论分析

（1）能源决策的假定

依据消费者行为学中对决策类型的分类，消费者在不同条件下购买决策的努力程度差异较大，信息搜集和评价选择有时并不是必需的。消费者可能采用近似扩展型问题解决或习惯性决策两种截然不同的决策机制。一方面，居民用能（购买）面临预算约束，涉及理性选择；另一方面，居民经常性、高频率的日常生活用能行为很可能是不需要付出多少努力的购买决策。本书假定居民的能源决策同时具有理性选择和习惯性决策的特点。

①理性选择。

假定居民是理性的和追求效用最大化的，并且假设消费者的偏好具有完备性、可传递性和非饱和性。为了简化分析，不妨以两种消费品的情形为例进行讨论，即能源和非能源商品（组合）。由居民收入以及商品相对价格构成的预算约束决定了居民能够负担的所有能源和非能源商品数量，如图5-6所示。增加能源消费就不得不相应地降低非能源商品消费，代表性家庭在能源和非能源商品之间进行权衡取舍以实现效用最大化。所有使居

第5章 生活部门能源利用效率的影响因素

民效用水平相等的能源和非能源组合构成了居民的无差异曲线，无差异曲线的斜率表示能源和非能源商品的边际替代率。对于居民的每一个效用水平都存在一条对应的无差异曲线，无差异曲线的位置越高代表着更高的效用水平，因此效用最大化的最优选择是在预算约束允许的范围内选择最高的无差异曲线上的商品组合，在图5-6中反映为预算线和无差异曲线的切点，边际替代率与相对价格相等的能源和非能源商品组合是最优的。也就意味着，居民的能源使用量取决于偏好、收入、能源与非能源产品的相对价格。

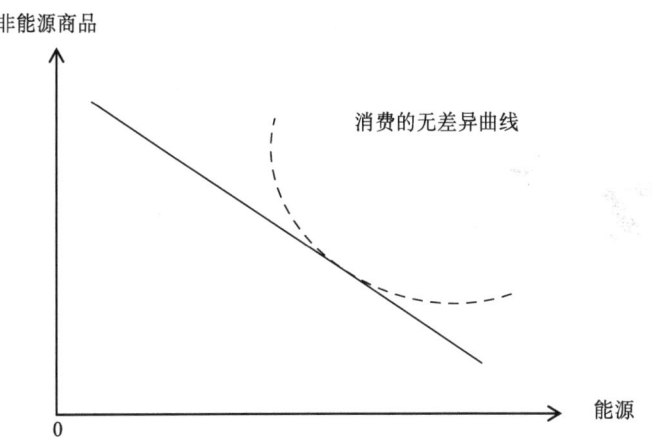

图5-6 代表性居民的能源使用决策

本书第2章对其他社会科学理论的梳理结果表明某种偏好的形成来源于多种心理因素和社会因素的影响。居民对能源的需求是一种衍生需求，是通过一系列日常行为活动例如烹饪、清洗、取暖等间接引发能源消费。一方面，人们对商品的偏好具有明显的个体差异性；另一方面，能源消费行为作为一种社会性行为，社会个体的行为模式在很大程度上受到社会背景的影响，社会阶层、社会关系、社会规范、制度、社会观念（舒适度偏好）、社会文化、物质基础等因素决定了社会人对时间和金钱的支配模式、消费偏好和生活习惯。广告和营销学的繁荣充分证明了大众消费者的偏好具有可塑性的可能，并提供了许多可以借鉴的方法。因此，图 5-6 中以虚线表达了居民能源使用决策的不确定性和可塑性。这就为提高居民能源利用效率提供了新的思路和更为广阔的空间，提高居民能源利用效率的成本可能仅仅意味着消费者行为方式的略微调整。

②习惯性决策。

生活性能源消费的特殊性，还在于人们并不直接消费能源，而是通过各种能耗设备间接消费能源。居民对能源的需求是一种引致性、衍生的需求，是由对食物、热水、取暖、照明、清洁、娱乐等需要所引发的。消费者行为学指出消费者对食品、饮料、清洁用品、文具等价格较低且频繁购买的日常商品的购买行为属于习惯性决策。由此推之，由炊事、热水、洗衣等行为引发的能源购买（使用）也很可能属于习惯性决策。一些研究证实家庭在日常使用能耗设备也就是进行能源购买时，并没有进行理性思考，而是处于一种无意识的状态（Wood 和 Newborough，2003；Maréchal，2009；Gram - Hanssen，2011）。居民的能源使用行为与生活习惯密切相关，例如新西兰居民习惯于低温环境而使其在空间加热方面消耗的能源远低于欧美国家的居民，中国的饮食文化导致中国居民在炊事上消耗了较多能源，而日本居民在沐浴程序中消耗了较多能源（Zhang，2004；Stephenson，2010）。因此，本书推测居民日常的能源使用很可能不需要进行信息搜索和评价，而是习惯性决策，即简单的重复购买。

（2）居民能源行为的影响因素

与居民能源消费特征有关的因素很多，既有环境价值观、环境态度、感知行为控制、从众心理等居民自身的社会心理和社会行为因素，也有收入、能源价格、能效产品价格等经济因素，还包括家庭规模、人口结构、年龄、居住模式等家庭特征、人口统计因素和自然环境因素（如气温）。但家庭特征、人口统计因素和自然环境因素不属于可以人为控制的因素。研究表明人们改变能源行为主要出于两种动机，一是降低能源成本，二是基于价值观的动机（Gyberg 和 Palm，2009）。也就是说，经济因素和以消费心理、习惯为代表的非经济因素是与提高居民能源效率密切相关的两类因素。因此，本书主要关心这两类因素对我国居民能源消费的影响及政策含义。

①经济因素。

收入和价格构成了居民能源消费的预算约束，是对居民能源行为具有直接影响的两大因素。学术界普遍肯定了收入具有重大影响，收入对居民能源消费行为的影响在理论和实证研究中都得出了较为一致的研究结果。但对于价格因素，尤其是以价格作为提高能源效率的调控工具，还存在较大争议。

第一，收入。理论上，收入的提高对居民能源消费会产生两个方向相反的影响。首先，收入增加意味着消费者的购买力提高，消费者效用最大化的选择将会增加每种商品的消费量，居民能源消费量与居民收入呈正相关。同时，随着实际可支配收入的上升，能源的边际消费倾向和平均消费倾向应当是递减的，能源消费的增长速度低于收入的增长速度。其次，收入的增加也提高了居民对节能产品的支付能力，可以购买能源利用效率更高（价格也更高）的产品，也能负担更多的能效投资。不少实证研究证实，在实际中，这两种因素确实同时发挥着作用（Sardianou，2005；Abrahamse 等，2009），高收入家庭倾向于消费更多的能源，也从事更多的节能改造活动。

我国居民部门实际用能的经验数据也表明了收入的提高对我国居民能源消费产生了这种两面的影响。改革开放以来，随着收入的提高，居民部门对煤炭的直接消费量大幅下降，而电力等优质能源的占比不断上升，农村居民的非商品能源消费的比重大幅下降，而商品能源消费的比不断上升，反映出收入提高对居民能源利用效率的改善作用。从居民拥有的家用电器情况来看，收入提高也促进了居民选择更高效的能耗设备，例如彩色电视和黑白电视可以看作是满足居民同种需求的替代品，彩色电视在消耗同等能源的条件下更好地满足了消费者需求，因此，收入增加促进了彩色电视机对黑白电视机的替代可以认为是提高能源利用效率的表现。然而，收入的提高也使居民人均拥有的能耗设备种类和数量大幅增加，例如家用小轿车等享受型消费增加，致使人均能源消费总量不断上升。从学者们对我国居民能源消费与收入关系的实证研究结果来看，也表明了收入增长的总效应是拉动了居民人均生活能耗，但能源消费的增长速度缓于实际消费支出的增加（罗光华和牛叔文，2012；岳婷和龙如银，2013）。

第二，价格。在政府将能源作为生活必需品的定位下，我国能源定价向居民尤其是农村居民倾斜，居民用电、用气价格低于工业用电、用气价格。我国的居民用能价格存在补贴，能源价格过低对能源使用的约束作用不强，还可能会降低能效投资的激励。Berkhout 等（2004）对荷兰 1996 年开始实施的能源税的现实影响进行了评估，数据来自两个同时开征税收地区的面板数据集，分别包含 1000 个家庭的天然气和 1500 个家庭的电力消耗统计，其发现能源税每年平均减少了荷兰家庭 8% 的电力需求和 4.4% 的燃气需求，家庭电力的价格弹性比天然气的高得多，天然气需求在很大程度上依赖于其他变量而不是价格。Feng 等（2010）通过对我国辽宁省家庭电力消费节约情况进行研究发

第5章 生活部门能源利用效率的影响因素

现,90%以上的受访者认为与环境保护或其他原因相比,成本才是关键的考虑因素。

能效产品价格的变化同时通过收入效应和价格效应对居民的能源消费行为产生影响。能效产品的价格通常高于非能效产品的价格,在我国能效产品和非能效产品的价差过大,很可能阻碍了广大低收入群体的能效投资。超市销售的普通白炽灯泡的价格只需要1~2元,而节能灯泡的出厂成本价就需要16元左右[①]。在京东商城同一个销售商家的店铺内,美的1.5匹壁挂式空调的价格存在大幅差异,低能效定速空调的价格为2299元,而变频空调(节能)的价格最便宜的也要高出定频空调500元以上。Koirala等(2014)在美国的一项调查表明,政府补贴只要达到投资成本的15%,就有3%的家庭会采用一些节能措施,0.2%的家庭会进行住宅节能。Wang等(2011)通过对北京市居民消费意愿和行为特征的研究表明经济收益对于家庭省电行为具有积极的促进作用。

也有不少研究认为价格激励对居民能源行为的影响十分有限(Aune,2007;Gyberg和Palm,2009;Wallenborn等,2011)。Anker-Nilssen(2003)对挪威奥斯陆地区的实证研究结果表明,通过提高能源价格或能源税增加企业成本能够有效减少工业企业的能源消费,但价格和税收对家庭能源消费的作用不明显,只对低收入家庭产生了约束而高收入家庭则对价格缺乏弹性。然而,低收入家庭的能源消费大多是满足基本生存需要,可缩减的空间很小,提高能源成本对低收入家庭造成伤害降低了社会福利,产生了负面的分配效应,却对居民部门能源消费总量影响甚微。

---

① 薛玲:《节能灯为啥节能不节钱》,新华网,2014年5月20日,http://news.xinhuanet.com/fortune/2014-05/20/c_1110764523.htm。

②非经济因素。

不少研究认为虽然居民的行为受到多种准则和因素的影响，但经济因素相比其他个人准则而言通常显得不是那么重要（Wallenborn 等，2011）。价值观、态度、社会规范、宣传教育等与消费心理和消费习惯有关的非经济因素对居民的能源行为具有显著影响，并且比经济因素的影响更持久（Reiss 和 White，2006；Egmond 等，2005；Steg，2008；Ouyang 等，2009）。Reiss 和 White（2006）利用美国加州 2000 ~ 2001 年间的居民用电数据对比了价格和公众压力对居民能源消费行为的影响，发现两种冲击都会对居民行为产生影响，但公众压力对居民行为的影响更持久也更稳定。Ouyang 等（2009）采用调研和实验对比的方法研究了生活方式对家庭电力消费的影响，在杭州选择了对 124 个城镇家庭作为研究对象，选择其中一半的家庭作为节能宣传教育的实验对象，展开了 1 年多的住宅用能跟踪实验观察。通过对比节能宣传教育前后居民的住宅用电数据，表明居民日常生活行为的改善可以节约超过 10% 以上的电能。

第一，消费心理。一些学者指出在所有影响中国消费者绿色购买行为的因素中，环保理念发挥着直接的作用。Feng 等（2010）通过对我国辽宁省家庭电力消费节约情况进行研究发现，电力消费的整体节能意识和知识是欠缺的，仅有 2% 的受访者有意获取关于节能和能源效率的信息和宣传册，或者描述能够提高能效和减少电力使用的方法。Wang 等（2011）通过对北京市居民消费意愿和行为特征的研究来探讨家庭进一步减少电力消费的可能性，结果发现除了经济收益之外，政策和社会规范、过去经验对于家庭省电行为也具有积极的促进作用。不少研究表明价格和技术并不是阻碍能源效率提升的仅有因素，包括承诺、信息提供、注意力、心理暗示等在内的非价格干预或行为干预可以像价格一样有效影响消费者选择。家庭能源使用过程中，宏观因素与微观因素会相互影响或被塑造。例如 Abrahamse 等（2005）认为，可以通过事前干预策略和事后干预策略的协同作用来推动，在具体策略上，其中事前策略主要是告知、宣传有助于节能的信息，包括（口头或书面）承诺、目标设定（简单目标和困难目标，有反馈和没反馈）、信息（一般性信息和具体专门的信息）和模仿，其中信息的传递途径通常为研讨会、大众媒体、家庭审计；事后策略为反馈（持续反馈，每日反馈，周和月反馈，比较反馈）和奖励，对节能行为进行奖励。

第二，习惯。在消费者行为的影响因素中，Triandis（1977）认为习惯是最重要的。许多看似非理性的用能行为实则是习惯使然（Maréchal，2009）。消费习惯是影响消费者态度和偏好的重要因子，并会进一步作用于其一系列的消费行为。对于消费频率较高的日常消费品的购买行为几乎不涉及信息搜集和评价选择，属于习惯型决策（habitual decision making）。对于习惯性的、重复的行为，消费者不是经过理性决策，而是旧习的延续，消费者的介入程度很低，以至于在不经意间已经做出了决策，营销学中把这种行为称为"自动购买"（迈克尔·所罗门，2006）。一些研究指出家庭在日常使用住宅能耗设备时并没有考虑能源消费的因素，而是处于一种无意识、习惯性、非理性思考的状态（Wood 和 Newborough，2003；Maréchal，2009；Gram - Hanssen，2011）。能源消费作为一种引致性需求，由能耗设备存量和使用模式直接决定，从更深的层次看则取决于人们的生活习惯。由于能耗设备存量和深层次的生活习惯难以改变，因此当前的电力或其他能源消费必然会受到历史消费模式的影响。当期的能源消费和往期的能源消费之间往往具有明显的路径依赖特征，呈现出消费习惯效应。能源的商品属性，尤其是价格的长期稳定性也是形成消费习惯的重要原因。理论上，（期望）能源价格水平是消费者购买耗能设备和能源使用决策的关键因素之一，但在我国能源价格受到严格管制，消费者在不同时期使用耗能设备的决策，面对的价格是固定不变的，因此不用过多地考虑价格。在这种条件下，消费者往往将能源视为必需品而非商品，能源消费便成为一种习惯性消费。

5.2 经济因素与非经济因素对居民生活用能的影响——基于杭州市案例的微观分析

2013年我国居民电力消费量达到8589.7万吨标准煤，占居民部门能源消费总量的26%，且占比稳步上升，是居民能源消费最主要的对象之一。研究居民电力消费对经济和非经济因素的弹性对于制定居民部门的能源利用效率具有较大的参考价值。非线性电价是一种常见的经济型调节措施。在促进居民节能减排思想的指导下，全国大部分省市区都陆续推出了阶梯电价、峰谷电价等激励政策。阶梯（递增）电价，通过对用户超出基准的用电量收取更高的价格来约束居民的用电行为。高峰时间供电的边际成本较高，峰谷电价通过分时段的价格歧视鼓励消费者增加非高峰时段的用电量而在高峰时间节约使用，降低供电的损耗和成本。也有观点认为，实行非线性电价只是增加了居民的电费支出，提高了电力部门的收益，实质上却未能发挥促进居民节约用电的作用。本小节利用杭州市的调查数据，对居民住宅用电行为的影响因素进行了实证检验，考察了收入、电价以及多个用能行为特征变量的影响，重点在于比较经济和非经济因素对居民用电行为的影响，并探讨了杭州阶梯峰谷电价的阈值与总量约束效果。

5.2.1 电价政策与样本说明

(1) 电价政策

杭州市从 2001 年开始对居民用电实行峰谷定价政策,自 2004 年 8 月起又增加了阶梯电价。杭州市至今对居民部门一直推行着峰谷加阶梯的定价模式。此外,这种峰谷加阶梯的收费模式并非对所有的居民强制执行,居民也可以选择不加入该机制并按照平电价格支付电费。在本书的样本期(2009~2011 年)内,杭州市居民销售电价的基本情况如表 5-2 所示。直到 2012 年 7 月,杭州市才提出新的电价标准,因此,样本期内的定价规则没有发生变化。

表 5-2　　杭州市居民电价标准费率　　　　　　单位:元

电压等级		电度电价	分时电价	
			高峰(8:00~22:00)	低谷(22:00~次日 8:00)
不满 1 千伏"一户一表"居民用户	月用电量 50 千瓦时及以下部分	0.538	0.568	0.288
	月用电量 51~200 千瓦时部分	0.568	0.598	0.318
	月用电量 201 千瓦时及以上部分	0.638	0.668	0.388
不满 1 千伏合表用户		0.558		
1~10 千伏及以上合表用户		0.538		

资料来源:浙江省物价局官方网站查询,http://www.zjpi.gov.cn/。

(2) 样本说明

本小节所使用的微观数据来自国家电网浙江省公司在杭州市的居民抽样调查统计资料，包含 500 户居民的双月用电量和电费结算数据，样本期为 2009 年 1 月至 2011 年 12 月，总共 36 个月（18 个计费周期）。数据还包括 132 份有效入户调查数据，除用电量、电费以外，还提供了家庭人口、住宅情况、家用电器、收入层次等信息。样本的规模虽然不大，却提供了较为丰富的信息，在我国当前微观数据极度稀缺的条件下，提供了难得的研究资料。

由于在样本期内，杭州市居民的电费结算方式为双月结算制，所以居民的电力消费量和电费数据都是双月值。人们通常习惯于以单月作为时间跨度的基本单位。然而，仅凭现有的资料，要想通过双月用电量和电费数据倒推真实的单月用电量和电费数据，缺乏可行性。如果将双月电力消费和电费数据直接取平均数，可以得到平均的单月电力消费和电费，但并不能提供新的信息，还可能严重扭曲真实的消费行为信息，弊大于利。还有一种方式是直接以双月作为时间单位，相比之下，这种方式最能体现数据本身的特点，产生的不利影响最小。因此，本书最终选择以双月作为时间单位，直接利用原始数据进行分析。

5.2.2 政策效果的观察与推断

（1）阶梯阈值的影响

由于绝大部分居民的谷段用电量很低，谷段电价基本上是按第一档执行，谷段阶梯阈值的约束力很弱，因此本书仅对峰段电价展开讨论。杭州市居民的峰段电价存在两个电量阈值，分别为 100 千瓦时和 400 千瓦时（双月结算，乘以 2）。从 2011 年全年杭州样本居民的峰段观测用电情况看，85.59% 的实际双月用电量是在 400 千瓦时的第二档阈值以内，如图 5-7 所示。由于在

第5章　生活部门能源利用效率的影响因素

制定电价梯度的标准时本身就考虑了对居民的覆盖率，因此并不能就此说明阶梯电价的阈值起到了限制居民用电的作用。如果阈值确实对居民的用电量影响较大，那么从实际用电量的分布中应当能观测到阈值对于用电量分布的扭曲，用电量的观测值很可能在阈值上下呈现出不对称的分布，即观测值在紧挨阈值以下聚集而在紧挨阈值以上较为松散或出现断层。

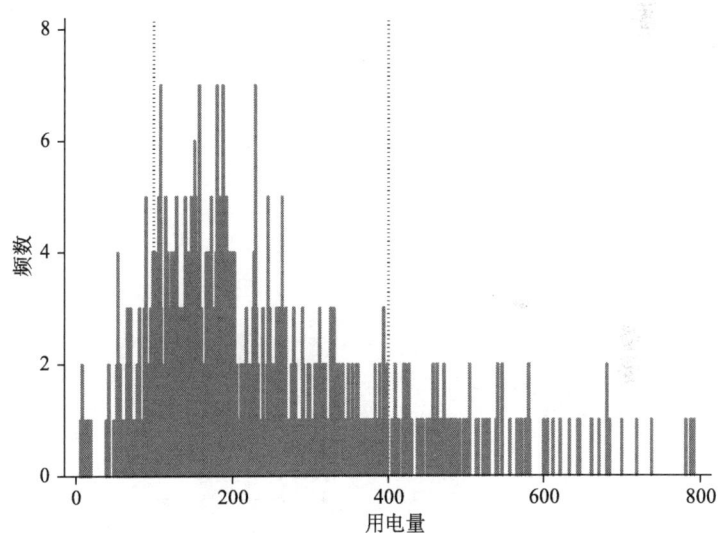

图5-7　峰段用电量的频数直方图

注：两条用圆点画成的直线分别代表100千瓦时和400千瓦时的阈值。

第一档100千瓦时相当于生存用电水平，绝大多数居民的正常用量是超过该阈值的，样本中只有11.3%的观测用电量低于100千瓦时的阈值。从图5-7中可以看出观测值没有出现紧邻100以下聚集的现象，或是紧邻100以上断层的现象。也就是说，没有观测到100千瓦时的阈值对居民用电产生了明显的限制作用。为了便于观察400千瓦时的第二档阈值是否对居民用电产生了限制，在图 5-8 中专门显示了观测值出现在 300~500 千瓦时的频次，这部分观测数据占样本总量的 19.35%（500 千瓦时以上的观测值只占 7.49%）。从图 5-8 中可以看出，观测值在 400 千瓦时以下出现了一定的聚集迹象，观测值在紧邻 400 以下的密度大于紧邻 400 以上的密度，且紧邻 400 以上出现了一小段观测值跳跃。这说明第二档阈值对居民用电量可能发挥了一定的约束作用。

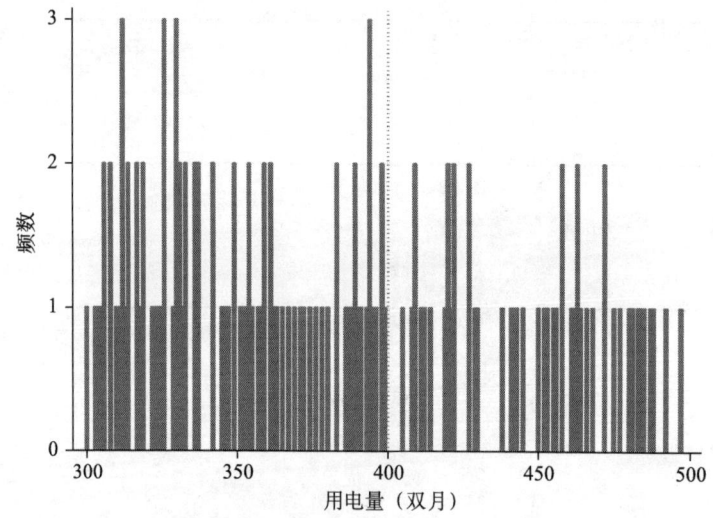

图 5-8 峰段用电量大于 300 千瓦时且小于 500 千瓦时的频数直方图

注：用圆点画成的直线代表 400 千瓦时的阈值。

（2）峰谷与阶梯混合电价的省钱与节电效果

杭州居民的峰谷电并不是强制执行和自动开通的，居民需要到电力营业厅申请办理，并交纳 100 元的电表改造费用。因此，是否开通峰谷电完全是用户的自愿选择。开通峰谷电价需要进行 100 元的投资，同时用户在峰段需支付的基准电价也高于平电电

第5章 生活部门能源利用效率的影响因素

价,而好处在于谷段用电则相当于享受半价优惠。据测算,开通峰谷电价省钱的临界值是居民的谷段用电量达到总用电量的11%以上。因此,开通峰谷电并非对于所有的居民都是成本—收益有效的。在500户居民中,有部分居民在样本期内从平价转换到了阶梯峰谷电价,提供了观察这些用户的行为是否"理性"(符合成本—收益原则)的机会。

从表5-3中可以看出,在所有23户样本期内选择开通峰谷电表的居民中,有74%(17户)的居民在转换以后次结算月的电费低于转换前一个月的电费,表明用户的选择在经济上是理性的。表5-3的数据同时显示在更长的期限中,对于大多数居民(87%)而言,实际平均单位用电价格低于转换前的平均单位用电价格,但平均用电量和电费则并没有减少的迹象。虽然这部分样本量较小,但出现这种现象应该并非偶然,在其他学者的研究中也得到了印证。浙江实行峰谷电价之后,谷电的使用量和比例确实有所提高,峰谷电量比由原来的85∶15变为57∶43,然而峰电并没有等幅下降,其结果是用户的平均用电量增长了22%(施建锁, 2006)。从上述分析可以初步推断,居民的能源行为很可能会对经济激励作出反应,尤其是在短期中,但价格在居民长期能源使用中的约束力可能并不理想。对于非线性电价定价政策的有效性历来存在很多争议(朱成章, 2010;Borenstein, 2012)。

表5-3 样本居民电价标准转换前后的消费量和支出对比

编号	转换时间	转换前年内平均		转换前结算月		转换后次结算月		转换后年内平均	
		电量(KWh)	电费(元)	电量(KWh)	电费(元)	电量(KWh)	电费(元)	电量(KWh)	电费(元)
22	2009.02	1746	1069.52	1746	1069.52	1698	943.67	2445	1337.73
92	2010.03	478	277.61	249	138.43	122	63.52	388	191.29

续表

编号	转换时间	转换前年内平均		转换前结算月		转换后次结算月		转换后年内平均	
		电量(KWh)	电费(元)	电量(KWh)	电费(元)	电量(KWh)	电费(元)	电量(KWh)	电费(元)
258	2009.05	79	41.77	88	45.87	159	74.45	132	61.92
320	2009.11	314	171.45	242	114.4	319	154.44	445	212.17
321	2009.05	134	71.78	121	64.59	103	63.75	138	68.66
322	2010.01	122	62.91	133	67.98	367	186.51	436	221.1
352	2009.05	773	457.76	632	358.33	607	328.56	689	384.24
410	2009.09	355	200.41	227	129.4	139	78.72	322	163.46
419	2010.01	313	108.13	201	92.39	226	85.56	309	136.87
499	2010.02	324	101.33	218	105.12	222	95.47	238	109.32
34	2009.01	541	321.51	1368	841.78	934	557.07	596	318.9
35	2009.02	1234	676.99	1234	676.99	1203	607.41	825	425.85
42	2009.01	353	175.07	1105	530.75	1045	515.58	896	436.43
50	2009.06	656	386.44	547	316.45	412	213.97	555	298.52
274	2010.02	677	472.92	1173	572.51	1064	522.4	1060	546.87
330	2009.06	515	297.25	445	252.91	281	135.03	520	261.86
358	2010.02	492	308.88	373	249.54	685	345.38	761	400.27
359	2010.02	228	143.05	202	126.59	305	142.71	285	136.6
363	2010.01	403	287.22	350	234.01	553	274.84	679	329.27
373	2010.06	479	275.93	718	427.08	471	237.15	859	439.8
442	2009.04	900	504.74	900	504.74	554	269.35	583	285.76
460	2009.06	104	56.53	87	46.81	64	28.47	58	23.89
489	2010.02	566	178.07	511	220.19	459	195.46	556	241.6
均值		512	289.01	560	312.45	521	266.06	599	305.76

5.2.3 居民电力需求影响因素的实证检验

(1) 变量及样本说明

本小节利用杭州市132户家庭2009年1月~2011年12月的电力数据以及入户调研的其他相关信息，对居民电力需求的影响因素进行实证检验，比较居民电力需求对经济、非经济因素的弹性。由于部分数据统计不全，实际有效观察值为1901个。相关样本数据的基本统计特征如表5-4所示。

①经济变量。影响居民电力需求的两大经济因素为价格和收入。许多研究表明消费者对于阶梯电价的认识价格是平均价格（例如Borenstein，2012；Ito，2012）。人的认知特点决定了消费者在面临复杂的定价规则时总是倾向于简化处理，消费者会直接通过总花费除以总消费量来"熨平"复杂的定价机制（Liebman和Zeckhauser，2004）。阶梯定价机制决定了居民电力消费的当期价格是内生的，当期电费支出与电力消费量高度正相关，原因在于价格是随电力消费量累进的，居民消费的电力越多则需要支付更高的价格。如果以当期价格作为价格的代理变量，则必然会得出电价越高引起居民消费电力越多的错误结论。由于我国居民电力消费采用先用后付的结算机制，居民在消费当期电力时支付的账单和面对的价格信息实际是上一期的价格。也就意味着上一期的价格是居民当期消费的决策依据，如果上一期的电费较高则会激励居民在当期减少电力消费。因此，本书选择上一期的总量平均价格作为价格因素的代理变量，计算方法为家庭实际电费支出除以电力消费量。

样本居民的收入信息为分类数据，分为8000元以下、8000~15000元和15000元以上三个档次。本书引入了两个取值为0和1的虚拟变量income2和income3来表示。如果收入在8000~

15000 元之间，则 income2 等于 1，否则为 0。如果收入大于 15000 元，则 income3 等于 1，否则为 0。

②用电行为特征变量。居民的住宅电力消费需求来自温度调节、照明、清洁、炊事、娱乐等服务的需要，涉及众多的日常行为和各种家电的使用，包括电灯、空调、热水器、吸尘器、洗衣机、热水壶、微波炉、烤箱、电视、电脑、音响等。为了避免产生严重的多重共线性和使用过多的虚拟变量而产生"虚拟变量"陷阱，本书按照用能行为对主要电器进行了一定的归类合并处理。居民的温度调节用电需求用住宅使用面积、是否用电降温和是否用电取暖表示，居民的娱乐需求用电视和电脑的数量表示。本书选取反映居民用电需求特征的变量还包括是否用电热水、是否用电做饭、除电脑和电视以外的其他大功率电器数量（冰箱、洗衣机、洗碗机、微波炉、烤箱合计）。

③控制变量。家庭人口特征和气候因素会对居民的电力消费行为产生影响，但这两种因素不是政策所能干预的。为了更准确地估计经济变量和行为特征变量对居民电力需求的影响，本书对家庭人口特征和气温的影响进行了控制。家庭人口特征的具体控制变量包括家庭常住人口数量和 65 岁以上老人数量。样本数据的时间跨度为 3 年，电力消费的季节性特征较为明显，本书通过引入两个虚拟变量夏季高峰 t1（是 = 1，否 = 0）和冬季高峰 t2（是 = 1，否 = 0）对季节因素的影响进行了控制。

表 5-4　　　　　　　变量的统计特征

变量名称	平均值	最大值	最小值	标准差
电量（双月，KWh）	430.421	2302	0	248.789
电费（双月，元）	208.606	1198.18	0	132.935
家庭常住人口数量（个）	3.121	8	1	1.066

续表

变量名称	平均值	最大值	最小值	标准差
65 岁以上老人数量（个）	0.750	2	0	0.865
住宅使用面积（平方米）	56.852	160	25	21.925
电视机数量（台）	1.841	4	1	0.716
电脑数量（台）	1.094	3	0	0.785
其他大功率电器数量（包括冰箱、洗衣机、洗碗机、微波炉、烤箱，台）	2.929	7	1	0.815
是否用电取暖（是=1，否=0）	0.727	1	0	0.445
是否用电降温（是=1，否=0）	0.727	1	0	0.445
是否用电热水（是=1，否=0）	0.727	1	0	0.445
是否用电做饭（是=1，否=0）	0.667	1	0	0.472
0.8 万元 ≤ 收入 < 1.5 万元（是=1，否=0）	0.394	1	0	0.489
收入 ≥ 1.5 万元（是=1，否=0）	0.091	1	0	0.288

（2）模型选择

本书的数据特征为短面板数据。对于短面板数据常用的分析方法包括固定效应和随机效应两种，其中固定效应模型应用得更广泛。固定效应和随机效应模型的选择通常以 Housman 检验作为标准，从 Housman 检验的结果来看，应当选择固定效应模型。然而，由于本书中涉及的调研数据除了电力消费量和电费之外的变量都是不随时间变化的，这些不随时间变化的变量在估计中会被自动排除在固定效应模型之外，无法进行有效的估计。针对这种情况，著名计量经济学家杰佛里·伍德里奇在其最新成果 Wooldridge（2013）中提出了相关随机效应面板数据模型（Correlated Random Effects Panel Data Models，CRE）。

CRE 模型的原理是用改进的随机效应模型进行估计。具体而言，假设对于被解释变量 y_{it}，需要估计的解释变量有三种，仅随时间变化的变量 g_t，仅随个体变化的变量 z_i，以及同时随个体和时间变化的变量 w_{it}。那么对 y_{it} 的线性相关随机效应面板数据模型表达式如式（5-1）所示。

$$y_{it} = g_t\theta + z_i\delta + w_{it}\gamma + \psi + \overline{w_i}\varphi + \alpha_i + u_{it} \qquad (5-1)$$

式（5-1）的要点是在需要估计的解释变量中额外加入了同时随个体和时间变化的变量时间平均值。在加入这个估计项之后，用随机效应回归对式（5-1）进行估计便可以同时得到所有变量的无偏估计，对 θ 和 γ 的估计与固定效应回归是一致的。其原理在 Wooldridge（2013）中有详尽的解释，此处不再赘述。

本书实际采用的估计模型如式（5-2）所示，对电力价格 P_{it} 和电力消费量 EC_{it} 作取对数处理。g_t 代表由冬季用电高峰和夏季用电高峰组成的随时间变化的虚拟变量矩阵，z_i 代表时间不变的影响因素变量矩阵（常住人口数量、65 岁以上老人数量、住宅使用面积、收入、是否用电取暖、是否用电热水、是否用电做饭、电器数量）。

$$\ln EC_{it} = \gamma\ln P_{it-1} + \varphi\overline{\ln P_i} + g_t\theta + z_i\delta + \psi + \alpha_i + u_{it} \qquad (5-2)$$

（3）结果与分析

居民电力需求函数的回归结果如表 5-5 所示。从中可以看出，对居民电力需求具有显著影响的变量包括收入、是否用电热水、电视和电脑数量、家庭特征、气温，其余变量的影响则不显著。样本规模较小，且数据特征为非连续、分类数据，会对变量的显著性造成不利的影响。调查数据的回归结果在显著性上通常都远低于年鉴数据。

表5-5 居民电力需求函数的估计结果

变量名	变量代称	系数	t值
常数项	cons	6.130***	16.79
电量平均价格	lnP	-0.123	-0.79
CRE模型控制项	alnP	1.323***	2.97
夏季高峰（是=1，否=0）	t1	0.356***	18.55
冬季高峰（是=1，否=0）	t2	0.259***	13.24
常住人口数量	famiscale	0.063*	1.7
65岁以上老人数量	nageab65	-0.057	-1.32
0.8万元≤收入<1.5万元（是=1，否=0）	income2	-0.200***	-2.46
收入≥1.5万元（是=1，否=0）	income3	-0.004	-0.03
住宅使用面积	uhouarea	0.083	1.21
是否用电取暖（是=1，否=0）	heated	0.091	0.99
是否用电降温（是=1，否=0）	cooled	0.327**	1.93
是否用电热水（是=1，否=0）	watermode1	0.152**	1.97
是否用电做饭（是=1，否=0）	cookmode1	0.075	0.92
空调数量	naircon	0.054	1.07
电视和电脑数量	ntvcomputer	0.065*	1.75
其他大功率电器数量	totaln2	0.057	1.2

注：*** 表示在1%水平上显著，** 表示在5%水平上显著，* 表示在10%水平上显著。

①经济变量。从回归结果来看，收入对居民住宅电力消费的影响是显著的。从前文的分析可知，收入对居民能源消费存在两个方向相反的影响，因此，收入对居民电力消费的总体效应可能是正向的也可能是负向的。对于本书的样本而言，两个与收入层次有关的变量对住宅电力需求的影响都是负向的。这意味着，收入越高，居民的住宅电力需求越低。有多种原因可以解释收入与

住宅电力需求负相关，一是收入越高的家庭更倾向于购买高能效的电器从而节约了电力消费；二是收入越高的人可以有更多户外活动选择（替代品），减少了住宅活动和电力消费；三是收入和受教育程度通常是正相关的，收入较高的家庭决策者可能具有更高的受教育水平和环境保护意识。此外，本书中的收入变量为分类变量，在对居民实际收入和富裕程度的反映上并不完全准确。

价格对居民电力消费的影响是负向的，但不显著，说明电力价格对居民电力消费的约束力不强。一方面，在阶梯峰谷价格机制中，峰谷价格可能削弱了阶梯价格的效力。在面对较高的阶梯价格时，居民除了可以通过节俭行为减少电费支出以外，还可以通过错峰消费减少电费支出，所以其结果不一定是引致消费量的减少。另一方面，我国居民电力价格定价较低，样本居民的月平均电力消费量略高于 200，而电费支出为 100 元左右，峰段最高梯次每千瓦时的价格只比第二梯次贵 7 分钱，电费占可支配收入的比重很低，也就不大可能产生很强的约束作用。虽然电力需求的价格弹性随样本和时间段的不同会存在差异，但国内外研究普遍表明居民电力需求缺乏弹性。例如 Reiss 和 White（2006）测算表明美国加州居民的电力需求长期弹性约为 0.4，而同样采用美国样本的 Ito（2012）计算结果为 0.1 左右。通常而言，商品的需求价格弹性取决于该商品对消费者生活的重要程度、可替代品的多寡、商品支出占收入的比重：生活必需品的需求价格弹性较小，而非必需品的需求价格弹性较大；商品相近的可替代品越少则需求价格弹性较小，反之则弹性较大；商品支出占收入的比重越小则需求价格弹性较小，反之则弹性较大。电力作为必需品的属性、存量家用设施的用能方式难以转换、电费占收入的比重小都决定了电力需求的价格弹性较低。

②用电行为特征变量。与居民用电行为特征相关的变量，包

括空调数量、电视和电脑数量、其他大功率电器数量、是否用电取暖、是否用电降温、是否用电热水、是否用电做饭，回归系数均大于0，对居民电力消费的影响都是正向。这表明与用电相关的家庭需求的增加、电器设备数量的增多都导致了居民电力消费提高。由于电力不是被人们直接消费，而是通过各种电器使用，因此与电器设备的数量和能耗特点有直接的关联。从电力需求的本质来看，住宅用电需求是由温度调节、照明、清洁、炊事、娱乐等居民生活需要所间接引发的，与居民的生活习惯密不可分。在表示居民用电行为的变量当中，是否用电降温、是否用电热水以及电视和电脑数量与居民电力消费显著正相关，其他变量虽然没有通过10%的显著性水平，但t值都大于1或者十分接近于1。应当认为居民的生活习惯对电力消费具有重要的影响。由于本书的样本数量有限，而居民用电行为涉及的变量较多，本书虽然进行了一定的归类处理，但在缺乏电器的具体信息的情况下只能通过电器数量和某种行为是否用电来反映居民的用电行为特点。如果扩大样本的规模，按照电器使用频率、能耗参数等更为科学的方式进行加权，很可能会有更多与居民用电行为相关的变量通过显著性检验，例如与温度调节需求相关的住宅使用面积。

5.3 经济因素与非经济因素对居民生活用能的影响——基于居民部门的宏观分析

前一节对杭州市家庭电力数据的实证分析表明，经济因素中收入对电力消费具有显著影响而价格的约束作用不显著。同时，以电器存量和使用方式所代表的生活习惯对电力消费有重要影响。但是在居民部门层面，经济与非经济因素对生活部门能源消费的影响是否与微观数据的显示一致尚待检验。《中国统计年鉴》和《中国能源统计年鉴》用能源消费弹性系数、电力消费弹性系数来反映能源消费增长速度与国民经济增长速度、电力消费增长速度与国民经济增长速度之间的比例关系。本小节利用1997~2013年相关统计年鉴中的省级面板数据，通过弹性分析法和多元回归方法对经济与非经济因素对居民部门生活能源消费的影响进行实证检验，选取的变量包括收入、能源价格、受教育水平、城镇化、消费习惯、气温。

5.3.1 变量的分析与数据说明

（1）变量的分析

本小节以居民的人均生活能源消费量作为被解释变量，在影响居民生活能源消费的经济与非经济因素中，选取了收入、能源价格、受教育水平、城镇化、消费习惯作为待考察的解释变量，以气候作为控制变量。

①生活能源消费量。地区居民的人均生活能源消费量，通过地区生活能源消费量除以地区年内平均常住人口数量得到。地区生活能源消费量的计算，首先需要利用《中国能源统计年鉴》中的地区能源平衡表分能源品种实物量数据和各种能源的标煤折算成参考系数，将各种能源的实物消费量折算成标准煤，然后进行加总。

②居民收入。《中国统计年鉴》中并未直接给出地区居民人均可支配收入的数据，而是按照城乡分类进行公布的。本书依据地区城市化率对城乡人均可支配收入加权从而测算出地区居民人均可支配收入，并依据居民消费价格指数折算为1997年可比价收入。

③能源价格。居民能源价格缺乏专门的统计，一些学者采用

第5章 生活部门能源利用效率的影响因素

燃料、动力购进价格指数价格作为替代（如张欢和成金华，2011）。但是我国历来采取对企业和居民区别定价，燃料、动力购进价格指数属于生产者的购进价格，与居民用能价格的关联性不强，因此本书选取居民居住类消费价格指数中的水电燃料类居民消费价格指数来表示居民的能源价格。

④教育。以往的研究表明，环境意识、价值观和态度是居民能源行为的重要影响因素，积极的环境态度容易产生积极的环境行为。教育能够提高人的素质，受教育程度越高的人，可能更关心环境问题并获得更多环境问题的信息，如知道能源的外部性。不少研究发现受教育程度与环境友好行为呈显著正相关（Poortinga 和 Pidgeon，2003；Whitmarsh 等，2011）。地区居民受教育程度指标的构建方法，以不同受教育层次的人口比重和受教育年限折算加权值，具体处理过程与第4章一致。

⑤城镇化。城乡二元分化是我国居民部门能源消费的基本特点之一。城镇居民与农村居民由于生活方式、生活状态的不同，在能源行为上存在显著差异。城镇化不仅反映了人口结构的影响，也反映了生活方式的影响。不少研究证实城镇化水平与能源消费和人均能源消费的增长速度具有直接关联（如魏后凯，2014）。以往的研究普遍采用地区常住人口中城镇人口所占的比率作为城镇化的衡量标准，本书也采用这一指标。

⑥消费习惯。能源消费作为一种引致性需求，由于能耗设备存量和深层次的生活习惯难以改变，因此当前的能源消费必然会受到历史消费模式的影响。当期的能源消费和往期的能源消费之间往往具有明显的路径依赖特征，呈现出消费习惯效应。本书以前一期的能源消费作为居民能源消费习惯的代理变量。

⑦气候。以往的文献中度日（Degree day）指数是一种常用的气候指标，利用基础温度和各地区的实际温度之差表示（罗

光华和牛叔文，2012）。基础温度应当以人体舒适为标准来确定一个参考温度。不同国家或地区往往依据人体生理需求、能源供应、经济水平、气候特点等因素选取适合本国或本地区的参考温度。根据中国建设部发布的《夏热冬冷地区居住建筑节能设计标准》，本书将冬季取暖和夏季降温的基础温度分别确定为18摄氏度和26摄氏度。用C_b表示基础温度，C_{ij}表示月平均实际温度，计算每个省区月度平均气温在18~26摄氏度范围之外的差值，将第i个省区每年12个月的差值进行加总得到该省区的年度度日指数D_{it}。具体计算公式如式（5-3）所示。

$$D_{it} = \sum_{j=1}^{12} (|C_{ij} - C_b|) \qquad (5-3)$$

5.3.2 数据来源与说明

本书的样本为1997~2013年我国内陆30个省市区的面板数据（西藏除外）。数据的主要来源为Wind数据库、气象局、《中国统计年鉴》、《中国能源统计年鉴》、《中国人口年鉴》。需要说明的是，水电燃料类居民消费价格指数部分数据缺失，采用居民居住类消费价格指数进行补齐，其余数据的少数缺失部分采用数据平滑方法予以补齐。2005年以前的地区城镇化数据存在较为严重的统计不规范问题，本书采用经周一星和田帅（2006）、林坚（2010）校正修补后的城镇化数据。样本的基本统计特征如表5-6所示。

表5-6　　　　　　样本的统计特征

变量	平均值	中位数	最大值	最小值	标准差
人均生活能耗	179.642	157.479	758.680	28.287	114.204
人均可支配收入	7281.429	5917.573	31153.300	1743.096	4815.650

续表

变量	平均值	中位数	最大值	最小值	标准差
能源价格	104.736	104.337	121.900	92.200	4.025
受教育程度	8.790	8.720	13.722	4.720	1.334
城镇化	0.473	0.449	0.896	0.215	0.158
气候	77.103	65.250	178.800	8.800	42.533

5.3.3 居民生活能源消费对经济因素的弹性分析

（1）测算方法

收入和价格这两大经济因素对居民能源消费的影响可以分别用能源的需求收入弹性和需求价格弹性来反映。弹性的计算方法为因变量变动的比率除以自变量变动的比率。例如《中国统计年鉴》和《中国能源统计年鉴》中对能源（电力）消费弹性系数的计算方法为能源（电力）消费量年平均增长速度除以国民经济年平均增长速度。由此推之，可以利用居民能源消费量年平均增长速度除以可支配收入平均增长速度得到能源的需求收入弹性；相应的，用居民能源消费量年平均增长速度除以能源价格平均增长速度得到能源的需求价格弹性。

然而，这种计算方法的问题在于在计算能源的需求收入弹性时相当于假定了收入增长是能源消费量变化的唯一原因，将能源消费量变化的原因归结为收入增长；在计算能源的需求价格弹性时又假定价格变动是能源消费量变化的唯一原因。只有当其他因素保持不变时计算出来的弹性才是自变量与因变量之间的真实弹性。在实际中，居民可支配收入和能源价格在同时发生着变动。要想更为准确地计算能源的需求收入弹性，就需要对能源价格变化进行控制，反之亦然。因此，本书将收入和价格共同纳入居民的能源需求函数，利用需求函数的偏导系数估计得出控制变量下的长期弹性,如式(5-4)所示。

$$GEC_{it} = \alpha_i + \beta_{1i}GIM_{it} + \beta_{2i}GP_{it} \tag{5-4}$$

式(5-4)中 GEC 表示居民人均生活能源消费的增长率,GIM 代表人均收入的增长率,GP 表示价格的增长率。i 和 t 分别代表省区和时间。那么 β_{1i},即为能源的长期需求收入弹性,β_{2i} 为能源的长期需求价格弹性。如果用连续函数表示能源需求,式(5-4)等价于式(5-5)。对样本数据的 Hausman 检验结果表明应当采用固定效应模型,因此,可以用面板数据的固定效应变系数模型对式(5-5)进行估计,便能够同时得到各个省区的长期需求收入弹性和长期需求价格弹性。

$$\ln(EC_{it}) = \alpha_i + \beta_{1i}\ln(IM_{it}) + \beta_{2i}\ln(P_{it}) \tag{5-5}$$

能源需求收入弹性和能源需求价格弹性的测算涉及三个变量,即人均生活能源消费、人均可支配收入和能源价格。为了消除数据量纲不同对估计结果的影响,本书对人均生活能源消费量和人均可支配收入进行了取对数处理。而本书所选取的能源价格指标,即水电燃料类居民消费价格指数是一个相对指标,鉴于价格指标本身的特点,采用上一年为基期的价格指数较上年的变化率作为能源价格变动因素的变量。也就是说,本书使用的实际待估计模型为半对数形式,如式(5-6)所示。

$$\ln(EC_{it}) = \alpha_i + \beta_{1i}\ln(IM_{it}) + \beta_{2i}GP_{it} \tag{5-6}$$

(2)能源需求的收入和价格计算结果

地区居民人均生活能源消费的长期收入弹性和能源消费的长期价格弹性计算结果如表5-7所示。从中可以看出,居民生活能源消费的长期收入弹性、长期价格弹性以及截距项均存在较大差异。地区居民生活能源消费的长期收入弹性的取值范围为0.256~1.172,地区居民生活能源消费的长期价格弹性的取值范围为-0.706~0.762,截距项(显示地区居民的基础生活能耗)

的取值范围是 -3.914～6.755。从截距项即地区居民的基础生活能耗来看，中国北部高纬度地区和西部欠发达地区的常数截距较大，意味着生活基础能耗较高；而低纬度地区和东部发达地区的常数截距较小或小于 0（对数后），意味着生活基础能耗较低，与其他学者如罗光华和牛叔文（2012）的研究一致。居民基础生活能耗的差异与气候和能源消费结构有关，高纬度地区的供暖能耗远大于低纬度地区，欠发达地区的基础能耗较高则与能源消费结构中优质能源消费过少有关。

比较各地区的收入弹性和价格弹性的数值可以发现，收入弹性普遍远大于价格弹性，表明经济因素中收入因素起主导作用，收入对居民生活能源的影响力大于价格对居民生活能源的影响力。除贵州以外，其余省区的人均生活能源长期收入弹性均为正值，表明收入增加带动了居民生活能源的上升。贵州的生活能源收入弹性系数绝对值很小且小于零，表明随着收入的提高，贵州的人均生活能源消费出现了下降，仔细观察发现样本期内贵州的居民能源消费结构变化很大，电力大幅替代煤炭，可以认为收入的效率提升效应发挥了主要作用。除内蒙古和辽宁以外，其余省区人均生活能源消费的收入弹性均小于1，收入弹性小于1与能源的必需品属性相符。能源消费的收入弹性最低的省区主要有北京、河北、山西、安徽、贵州、云南、甘肃、青海、宁夏、新疆，主要为西部欠发达的省区。收入增加对于促进贫穷地区的能源消费结构优化、提高能源效率具有重要作用，一定程度上抑制了能源消费的增长。能源消费的高收入弹性地区主要包括内蒙古、辽宁、黑龙江、江苏、浙江、山东、广西、海南，其中既包含经济发达的省区也有欠发达的省区。江苏和浙江是全国经济最发达的地区，内蒙古地区从 2004 年开始生产总值以 20% 的速度高速增长，远超过全国平均水平，但居民能耗也出现高速增长，说明这些省区收入提高对于能源利用效率的改善不足,应当重视能源利用效率的提升。

表 5-7 居民人均生活能源消费的长期收入弹性和价格弹性

地区	收入弹性	价格弹性	截距	地区	收入弹性	价格弹性	截距
北京	0.440	-0.225	1.844	河南	0.583	0.068	3.359
天津	0.544	-0.908	0.265	湖北	0.743	-0.681	-1.241
河北	0.343	-1.377	6.755	湖南	0.726	-0.236	-3.914
山西	0.504	0.699	3.606	广东	0.785	0.193	-1.861
内蒙古	1.172	0.762	3.638	广西	0.954	0.415	-3.185
辽宁	1.019	0.033	3.654	海南	0.913	0.219	-2.382
吉林	0.768	0.463	5.435	重庆	0.689	-0.392	-0.544
黑龙江	0.857	-0.419	-2.628	四川	0.587	0.231	2.051
上海	0.778	-0.011	-1.269	贵州	-0.068	-0.546	3.298
江苏	0.861	-0.587	-3.162	云南	0.332	0.155	-1.641
浙江	0.854	-0.706	-2.906	陕西	0.722	-0.288	-1.106
安徽	0.523	-0.212	-0.239	甘肃	0.342	-0.499	2.298
福建	0.782	0.116	-2.186	青海	0.328	0.216	2.938
江西	0.570	-0.258	-0.038	宁夏	0.256	-0.382	3.338
山东	0.958	0.499	-1.078	新疆	0.545	-0.176	3.818

大部分省区人均生活能源消费的价格弹性小于0,表明随着能源价格的增长,人均生活能源消费下降了,也就意味着能源价格对生活能源消费发挥了约束作用。也有部分省区,如内蒙古、辽宁、吉林、山东、广西等,生活能源消费的价格弹性大于0,说明能源价格对这些省区的人均生活能源消费抑制作用薄弱。进一步观察发现,这些省区的收入弹性系数普遍很高,加之居民能源价格长期处于受管控的状态,也就不难理解为何价格因素对居民能源消费的抑制力微弱了。

5.3.4 居民生活能源消费影响因素的实证检验

（1）检验方法

从前文的分析可知，居民生活能源消费的影响因素主要有收入、价格以及与消费心理和习惯相关的非经济因素。本书选取了收入、能源价格、受教育水平、城镇化、消费习惯作为待检验的影响因素，将气候作为控制变量，通过比较加入不同影响因素的多元线性回归模型对居民生活能源消费的解释力，对经济和非经济因素对居民生活能源消费的影响力进行实证检验。多元线性回归能够简洁地说明一组解释变量与被解释变量之间的关系，整体解释力是否达到统计上的合意水平，以及其他解释变量不变时其中一个解释变量对被解释变量均值的影响。当模型中的解释变量很少，尤其是遗漏关键解释变量时，模型的整体解释力较弱，即回归结果中 R 平方值较小；但并非意味着解释变量越多，模型整体的解释力就越高，相反解释变量太多时不仅使用不便，也会降低模型的预测能力。逐步回归法是用于选择最优模型的常用方法，通过逐步引入对被解释变量影响显著的自变量，并对方程中的旧变量进行检验，逐步删除不显著的变量，而最终得到解释力最佳的模型。本书应用逐步回归法的思想对居民生活能源消费的影响因素进行检验，具体而言，本书首先从仅包含经济因素的模型开始，对以下 6 个模型进行了比较。

①模型 1。以人均收入和能源价格作为解释变量，计算公式为式（5-7）。

$$EC_{it} = \alpha_i + \beta_1 IM_{it} + \beta_2 P_{it} \tag{5-7}$$

②模型 2。以人均收入、能源价格和气候作为解释变量，计算公式为式（5-8）。

$$EC_{it} = \alpha_i + \beta_1 IM_{it} + \beta_2 P_{it} + \beta_3 WH_{it} \tag{5-8}$$

③模型3。以人均收入、能源价格、气候和教育作为解释变量，计算公式为式（5-9）。

$$EC_{it} = \alpha_i + \beta_1 IM_{it} + \beta_2 P_{it} + \beta_3 WH_{it} + \beta_4 EDU_{it} \quad (5-9)$$

④模型4。以人均收入、能源价格、气候、教育和生活习惯作为解释变量，计算公式为式（5-10）。

$$EC_{it} = \alpha_i + \beta_1 IM_{it} + \beta_2 P_{it} + \beta_3 WH_{it} + \beta_4 EDU_{it} + \beta_5 EC_{it-1}$$
$$(5-10)$$

⑤模型5。以城镇化、能源价格、气候、教育和生活习惯作为解释变量，计算公式为式（5-11）。

$$EC_{it} = \alpha_i + \beta_1 URB_{it} + \beta_2 P_{it} + \beta_3 WH_{it} + \beta_4 EDU_{it} + \beta_5 EC_{it-1}$$
$$(5-11)$$

⑥模型6。以人均收入、能源价格、气候、教育、城镇化和生活习惯作为解释变量，计算公式为式（5-12）。

$$EC_{it} = \alpha_i + \beta_1 IM_{it} + \beta_2 P_{it} + \beta_3 WH_{it} + \beta_4 EDU_{it} + \beta_5 URB_{it} + \beta_6 EC_{it-1} \quad (5-12)$$

（2）检验结果

为了避免面板数据的异方差问题对变量的显著性造成影响，本书在对模型的估计中已经对异方差进行了纠正。上述6个居民生活能源消费的影响因素模型的估计结果如表5-8所示。从估计结果可以看出，对于仅包含经济因素的基础模型1，即包含人均收入和能源价格两个解释变量，两个解释变量的系数t值都达到了显著性标准，说明经济因素对居民生活能源消费具有显著影响。但模型1的R平方值仅为70.67%表明经济因素的整体解释力不足，模型遗漏了重要解释变量。在加入气候这个环境影响因素以后，模型2的R平方值相对于模型1有小幅上升，气候的t值通过了显著性检验，而人均收入和能源价格的估计结果基本不变。应当认为气候对居民生活能源消费产生了显著影响，模型2

的解释力优于模型 1，但 R 平方值依然不高，表明模型 2 依然遗漏了重要解释变量。

从模型 3 开始逐步引入了与居民消费心理和习惯相关的变量。在加入受教育程度变量之后，与模型 2 相比，模型 3 的 R 平方值没有变化，从系数上看，受教育程度的提高有利于降低居民生活能源消费，但系数接近于 0，从 t 值上看，教育未能通过显著性检验，不能认为受教育程度对居民能源消费产生了显著影响。受教育程度与环保意识、环境心理的关联性并不直接，因此不能否认环保意识、环境心理对居民能源消费的作用。

模型 4 在模型 3 的基础之上加入了居民前期的能源消费习惯变量，R 平方值显著提升，跃升至 87%，消费习惯变量的系数较大，远高于其他解释变量，且 t 值非常显著，而人均收入、能源价格和气候变量的系数与显著性都发生了较大幅度的下降。这表明居民能源消费存在明显的习惯效应，人们日常养成的生活习惯、用能习惯对于居民长期生活能源消费具有显著影响。

前文的分析表明，居民能源消费行为存在城乡分化，农村居民和城镇居民的生活方式以及能源行为差异明显，可以预期地区城镇化水平的差异应当对地区居民生活能源消费产生显著影响。然而，从在模型 4 中加入城镇化率之后得到的模型 6 的回归结果来看，城镇化变量的系数虽然为正值，意味着城镇化水平与居民能源消费正相关，但却未能通过显著性检验。仔细观察发现，在加入城镇化变量之后，对收入的系数和 t 值影响很大，表明可能是共线性问题影响了变量的显著性。不少研究认为城镇化与居民收入之间存在很强的长期正向均衡关系和双向因果关系（如宋元梁和肖卫东，2005；姚寿福，2012；吕炜和高飞，2013），城镇化通过缩小我国城乡收入差距而提高居民的收入水平，而收入增加对城镇化建设具有推动作用。为了证明这种猜测，在模型 6

中去掉收入变量以后进行回归,即模型 5 的结果,显示城镇化的影响不仅显著而且富有弹性。应当认为城乡分割而产生的居民生活习惯和用能习惯差异是地区居民能源消费的重要影响因素。

表 5 - 8　　　　居民能源消费函数的估计结果

变量	模型 1 系数	模型 2 系数	模型 3 系数	模型 4 系数	模型 5 系数	模型 6 系数
常数项	-2.527*** (-4.01)	-3.311*** (-4.40)	-3.378*** (-4.35)	-1.561*** (-3.20)	-0.225 (-0.77)	-1.298*** (-2.58)
收入	0.922*** (10.26)	0.915*** (9.93)	0.931*** (8.03)	0.264*** (3.59)		0.216*** (2.66)
价格	-0.353** (-2.49)	-0.357** (-2.51)	-0.358** (-2.54)	-0.067 (-1.17)	-0.035 (0.68)	-0.072 (-1.30)
气候		0.198* (1.76)	0.201* (1.78)	0.202** (2.07)	0.194** (1.88)	0.199** (2.02)
教育			-0.010 (-0.26)	-0.014 (-0.76)	-0.006 (-0.26)	-0.018 (-1.03)
城镇化					1.000*** (3.54)	0.473* (1.86)
消费习惯				0.734*** (8.78)	0.778*** (10.2)	0.734*** (8.75)
R 平方值	0.7067	0.7087	0.7088	0.8699	0.8675	0.8705

注:括号内为 t 检验值;*** 表示在 1% 水平上显著,** 表示在 5% 水平上显著,* 表示在 10% 水平上显著。

从上述分析可知,经济因素——收入和价格对居民生活能源消费具有显著影响,其中,收入的影响作用更大。然而,由于能源的生活必需品属性,居民生活能源消费对经济因素的变化是缺乏弹性的。同时,非经济因素对居民能源行为具有重大影响,虽然受教育程度变量没有通过显著性检验，但蕴含在消费习惯、生活方式中的非经济因素的影响是显著的，前期的消费习惯以及以城镇化为代表的生活方式变化对居民生活能源消费具有很大的影响。

5.4 本章小结与政策含义

本章利用微观家庭调研数据和居民部门宏观数据，对收入、价格、习惯、生活方式等经济和非经济因素对我国居民能源利用效率的影响进行实证检验，并以杭州的阶梯峰谷电价为例对非线性定价的节能减排效果进行了探讨。实证检验的结果表明：①经济因素对居民生活能源行为具有显著影响，尤其是收入对居民生活能源行为影响较大，但由于收入对居民能源的综合利用效率存在正效应和负效应，即收入增长提高了居民对高能效产品的购买力，但是也增加了能源需求。能源价格的提高，具有激励居民减少能源消费的作用，但在当前的价格机制下，能源价格的约束力较弱。由于能源的生活必需品属性，总体上居民生活能源消费对经济因素的变化缺乏弹性。地区居民生活能源消费的长期收入弹性、价格弹性存在较大差异，能源消费收入弹性最低的地区主要为西部欠发达省区，收入增加对于促进贫穷地区优化能源消费结构、提高能源效率具有重要作用，从而抑制了能源消费的增长。从杭州的实施情况来看，居民阶梯峰谷电价在节能降耗上的作用没有得到有力的证实。②用电行为变量体现了居民的生活习惯，在表示居民用电行为的变量当中，是否用电降温、是否用电热水以及电视和电脑数量与居民电力消费显著正相关，应当认为居民的生活习惯对电力消费具有重要的影响。前期的能源消费量和城镇化对居民人均生活能源消费具有显著影响，前期的能源消费量反映了用能习惯的影响，而城镇化反映了生活方式变化的影响，表明消费习惯、生活方式对居民能源行为具有显著影响。能源需求作为一种引致需求，在日常使用中并未直接进入消费决策，而是表现出一种习惯性消费的特点，即非理性思考决策的特点，呈现出明显的路径依赖特征。受教育水平的影响未能通过显著性检验，但鉴于受教育程度与环保意识、环境心理的关联性并不直接，因此也不能否认环保意识、环境心理对居民能源消费的作用。

经济因素对居民能源消费具有显著影响，也就说明居民的能源行为是出于成本—收益考虑的，人们会对经济激励做出反应，因此可以对能源使用和能效投资分别采用负向和正向经济激励的方法促进居民能源效率的提高。提高能源价格可以激励人们减少能源使用，但由于能源的必需品属性，提高能源价格会对人民的生活水平造成影响，这涉及社会公平问题。在短期中，对能源投资给予补贴可以鼓励能效投资，例如政府对节能灯的补贴。人们的消费心理、习惯、生活方式对能源行为的影响是长期的和自发的。不少研究表明，相比经济激励，以价值规范和习惯为导向的政策措施的效果更持久也更稳定。提高居民的能源利用效率应当充分发挥人们的主观能动性，通过提高居民的环境意识并培育绿色消费习惯。

第6章 中国能源利用效率政策构想

能源使用本身是一个技术问题，但能源利用效率却是一个社会问题。在讨论能源利用效率的政策机制之前，应当先明确能源利用效率政策的目标。实现能源的有效利用是社会管理和政策干预的目标之一，而非唯一目标。只有符合成本—收益原则的潜力机会才是值得实现的，对于不满足经济可行性的潜力机会，政府不干预才是最优的（Bukarica 和 Robić，2013）。从根本上说，社会管理的目标是社会成员福利的最大化，包括生产者和消费者的福利。然而，政策干预是有成本的，并非所有的能源效率障碍都能在成本可接受的前提下被消除，政府没有必要也不可能穷尽一切手段去实现能源效率潜力。本章从国际能源政策体系构建的经验出发，立足于生产性和生活性能源消费主体的行为特点、影响因素和本国实际，提出了我国能效政策的优化建议与政策体系规划。

6.1 国际能源效率政策体系的演变特点——以欧盟国家为例

世界节能政策的广泛实施要追溯到20世纪70年代的能源危机。出于对化石能源耗竭的担心，尤其是能源危机的影响，使节约能源逐渐成为西方各国能源政策的重心。从欧盟国家的能源效率政策体系的演变特点来看，大致经历了三个阶段，第一阶段始于20世纪70年代末，通过单一节能政策减少能源投入并抑制消费量上涨；第二阶段在20世纪90年代中后期，能效政策的建设速度加快，注重能效政策的配套和延续性，能源政策以系统化为特征；第三阶段自2006年以来，能源效率政策措施更加强调主体的定向性。

6.1.1 单一节能政策阶段

1973年末，爆发了震撼世界的石油危机（供应短缺），使西方国家的经济陷入衰退，引发了世界性的经济危机，也对世界能源政策产生了深远的影响。欧洲国家纷纷出台了节能政策措施。为了应对石油危机，英国政府被迫对工厂实行三日制工作周的临时措施，在1974年专门成立了能源部，1976年制定了《能源法》，并于1977年第一次提出了有关降低能源消费需求的政策纲领《长期节能规划》（周冲，2013）。德国于1976年通过其第一部节能法《建筑物节能法》，以法律形式对建筑的采暖、通风、供水设备的安装和使用提出了节能要求，并于次年实施了详细的《建筑物热保护条例》。欧共体从1978年开始准备实施最低能效标准，经过十几年的辩论，于1989年批准了《提高电能使用效率方案》（PACE方案），并于1992年发布了《指导性能源标识纲要》（92/75/EC），规定各成员国颁布强制性家电能源标识，规定的产品必须符合最低能效标准才允许生产和销售。

对能源产品征税和征收环境税也是欧洲早期普遍推行的节能政策。北欧国家是欧洲能源税和环境税的先锋（史丹和李玉婷，2015），芬兰是世界上第一个推行碳税的国家，丹麦、瑞典、挪威紧随其后都推行了碳税。丹麦从1977年开始征收能源税，最初是针对石油产品和电力，1982年征税范围又推广到了煤炭；1992年和1993年开始对家庭用能的二氧化碳排放以及使用含硫的木材、秸秆和废物的企业征收二氧化碳税；税率均为13.2欧元/吨二氧化碳。荷兰于1988年开始对汽油、柴油、天然气、煤等主要燃料征收燃料税，之后对所有能源征收二氧化碳税。据《经合组织环境简编2006/2007》（OECD Environmental Compendium）统计，1995年OECD欧洲国家平均征收的环境税额占GDP比重大致为2.7%，占税收比重在7%左右；其中，与能源和汽车相关的税收比重占环境税的2/3以上。丹麦、荷兰、英国的环境税相对较高，环境税额占税收比重超过了8%。除各成员国单独的能效法案外，欧盟于1991年起还统一实施了两期财税激励项目"SAVE计划"，为成员国能源效率基础设施建设提供财政支出，并对企业和公众的能效投资给予补贴和优惠。

欧洲国家在这一阶段主要是采取强制型节能政策，辅以少量的财政激励配套政策（黄鑫和陶小马，2008）。欧洲国家相继制定并实施了具有强制性的节能法律法规，通过最低标准的形式严格限制产品的单位能耗，并配合采用财税激励政策引导和鼓励市场主体积极节能。

6.1.2 系统化的能效政策阶段

（1）英国

英国能源效率政策的一个显著特点是目标明确，每个阶段的能效政策都有纲领性文件作为指导。1994年，英国率先制定了能效战略的第一个基础性文件——《可持续发展：英国的战略选择》，围绕经济健康发展、优化利用不可再生资源、可再生资源可持续利用、最小化环境及健康危险四个主要目标，构建可持续发展的指标体系。1999年，英国公布了以经济、社会和环境同步发展为目标的第二份可持续发展战略，并引入了量化指标，实现了从定性到定量目标的突破。2003年该国在《我们能源的未来——创造低碳经济》中率先提出发展低碳经济的理念。2005年，英国对可持续发展战略进行了修订，规划了到2020年的发展方向；2007年发布了新的可持续发展指标统计，对68个领域的发展变化状况进行了详尽介绍。英国在国家、地区、社区等各层面编制并推行了可持续发展战略及行动计划（张通，2008）。

英国形成了较为健全的节能减排法规政策体系。1995年实施的《家庭节能法》要求各级政府落实十年内将居民建筑能耗降低30%的目标。20世纪90年代起，英国先后颁布了40多部关于污染防治的专项法律法规，从源头上限制矿产资源企业污染排放，通过了包括《工业发展环境法》《空气洁净法》《烟气排放法》《环境保护条例》等在内的多个大气污染控制立法，并制定了78个行业标准。英国是世界首个采用立法手段强制限制温室气体排放并用法律形式确立减排目标的国家。该国2007年公布了《气候变化法案》和《能源白皮书》，规定到2020年二氧化碳排放量在1990年基础上减少26%~32%，到2050年必须减

第6章 中国能源利用效率政策构想

少60%以上。

为了实现节能减排目标，英国推出了多种配套政策措施，包括专项基金、财税政策、自愿减排协议、碳排放交易机制等。该国设立了碳基金和节能基金；其中，碳基金主要用于工业和交通节能，节能基金用于建筑节能。英国对节能设备投资和技术开发项目给予免息或贴息贷款，还对节能设备目录中的设备实施加速折旧政策。节能基金2002年的预算为2亿英镑；25%用于贴息贷款，其中1000万英镑是无息贷款。英国于2001年开始对电力和天然气按0.043英镑/度和0.015英镑/度的税率征收能源税，其中20%用于节能。对企业实行碳排放交易机制和自愿减排协议，企业可通过与政府签订并完成相应的节能减排目标，从而获得20%能源税减免的优惠。

（2）德国

德国也注重以法规作为保障，政府设立了专门的委员会负责能效政策规划与实施：经济技术部负责节能和提高能源效率，环境和核安全部负责碳减排、可再生能源和核能，交通、建筑与城市发展部负责交通、建筑领域节能。德国1997年颁布了《能源消耗标识规范》，规定了规范中涉及的产品和设备（家电、机动车辆等）都有义务粘贴能耗标识。1999年通过了《生态税改革法案》，通过对所有使用电、天然气、石油的用户征收能源税来促进节能减排，同时又通过将90%的税费收入以降低退休金交费的方式重新返还给民众以减轻民众负担。2000年，德国通过了第一个《气候保护国家方案》，对住房、交通、工业、化石能源、可再生能源、废物管理和农业提出了64项节能减排措施。2002年，德国颁布了《节约能源条例》，并分别于2005年、2007年、2009年进行了修订，不断提高建筑节能的标准。2004年，政府出台了《国家可持续发展战略报告》，制定了以替代燃料和创新驱动方式为重点的燃料战略。德国工业贸易协会发表了《德国工业气候保护宣言》,是工业界在气候环境保护上做出的自愿承诺。

在针对能效目标的具体措施上,德国综合运用了多种政策措施,包括强制的、经济的、信息指导的,德国十分重视信息宣传,开设了 300 个节能咨询点,并建立了节能网站。由于德国的能源消费主要集中于工业、建筑和交通领域,德国尤其重视工业、建筑和交通的能源利用效率,采取的典型措施如表 6 - 1 所示。

表 6 - 1　　　　　　　　　德国节能激励措施

年份	政策名称	政策类型	领域
2008	中小企业能源效率特别基金	经济、教育	工业
2007	清洁卡车采购补贴	经济	交通
2006	Coaltion 协议:能源生产力至 2020 年翻 1 倍	经济、强制	政策
2005	德国复兴银行贷款——太阳能发电计划	经济	建筑/生产
2005	德国复兴银行贷款——生态计划	经济	建筑
2005	德国复兴银行贷款——住房现代化计划	经济	建筑
2002(2008 年修订)	热电联产法	经济、强制	工业
2001(2006 年修订)	二氧化碳的楼宇修复计划	经济	建筑
1999	市场激励计划(研发推广)	经济	生产
1995	建筑师和工程师薪酬制度条例	经济	建筑

资料来源:刘世俊和尹玉霞(2014)。

欧盟极为重视能源利用效率。2000 年以来,欧盟的能效举措有了长足发展,主要表现为以欧盟全体的战略目标为先导,以法案为保障,统一规划、有序实施。欧盟委员会于 2000 年开始实行《欧盟气候变化行动计划》(ECCP),随后通过了《欧共体批准京都议定书和共同履行义务决定》，确定了温室气体减排的目标和欧盟内部责任分配结构。2003年颁布的《有关确立欧共体温室气体排放权交易的指令》（2003/87/EC）成为欧盟碳排放交易体系建立的依据。2005年以来，欧盟先后颁布了《欧洲能源战略绿皮书》《能源效率行动计划》等指导性文件，确立了到2020年能源效率提高20%的目标。为了实现2020年的能效目标，欧盟又出台了《欧盟终端能源效率和能源服务指令》（政策编号2006/32/EG），规定各成员国在2008~2016年期间实现9%的节能目标，各国须提交量化的能效目标和具体的行动方案。

欧盟国家为了实现能源效率和节能减排目标，大多从三个方面施行系统的调控政策，如图6-1所示。一是法规制度，一方面，欧盟颁布了一系列指令（Directive），明确欧盟国家共同的目标、纲领、法规基础；另一方面，各国中央政府和地方政府根据各自的情况制定配套法律。二是以经济政策促进技术研发推广、能源节约和能效投资，例如能源税、环境税、信贷优惠、财政补贴、可交易许可证制度、政府采购等。三是信息政策，例如提供"明智用能培训项目""安全和燃油经济性驾驶标准"等教育培训项目，提供节能服务咨询（德国开设节能咨询点、节能网站），以及公益广告、发放宣传资料等宣传教育活动。

6.1.3 主体定向的能效政策阶段

2006年以来，欧盟国家的能效管理机制日渐成熟，能源效率政策的针对性明显加强。《欧盟终端能源效率和能源服务指令》要求各国需围绕9%的总体目标设立2016年前的指示性终端能耗目标，提出了涉及运输、建筑、制造等行业的75项具体措施。在此基础上，欧盟国家制定了国家能源效率行动计划（NEEAP），提出了各自的终端能效目标以及对应的实现举措，

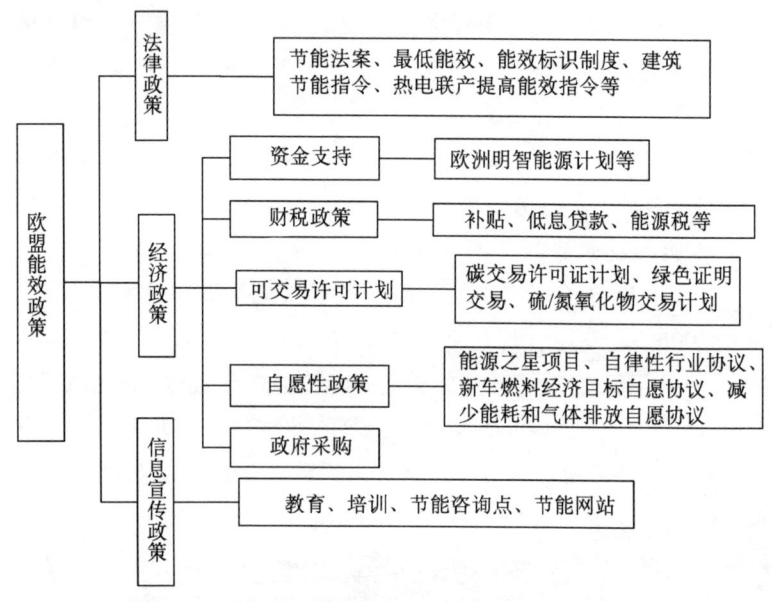

图 6-1 欧盟能源效率政策

资料来源：在郭琪（2007）基础上修改。

目前欧盟诸国已经完成了两期国家能源效率行动计划（2008~2010年、2011~2013年）。2012年生效的《欧盟能源效率指令》（2012/27/EU，以下简称《指令》，替代《欧盟终端能源效率和能源服务指令》）要求各成员国确保实现2020年能源消费总量下降20%的目标，并且要求各成员国提交第三次国家能源效率行动计划，以便在能源流动的各个阶段（从能量的转化到最终消耗）更有效地利用能源。《指令》第二节给出了实现终端能效的措施主要包括，制定能效义务制度（能源供应商减少每年销售量的义务）、居民和商用建筑的翻修、向消费者提供有关能源消费的确切信息（提供成本收益的能源审计、清晰和准确的计量和收费信息的途径、智能电表）、公共机构发挥示范作用（建筑节能、绿色采购）。截至目前，欧盟早期 15 个成员国以及欧盟整体仍在进行中的能效政策的实施情况按照政策目标分类如表 6-2 所示。

表 6-2　　　　　　　　欧洲国家能效政策概览

国家或组织	中小企业	能源管理	消费者行为	促进能源服务	促进生物能源供暖	交通节能	促进新能源交通	公共购买	建筑能效	合计
奥地利	3	0	5	0	3	6	2	0	7	19
比利时	6	6	5	0	8	6	0	0	20	39
丹麦	3	1	5	0	2	1	0	0	6	14
芬兰	16	4	14	1	5	4	1	1	15	47
法国	5	8	10	2	5	10	4	1	23	52
德国	38	4	7	0	12	4	6	0	28	78
希腊	3	6	3	0	2	4	2	4	14	27
爱尔兰	15	1	10	0	0	8	3	0	15	46
意大利	4	4	1	2	5	12	4	0	15	36
卢森堡	4	2	0	0	1	0	1	0	7	10
荷兰	15	1	4	0	5	5	2	2	13	34
葡萄牙	1	5	3	0	1	1	2	0	9	16
西班牙	4	10	8	0	6	9	5	2	25	51
瑞典	6	1	3	0	1	5	2	2	6	20
英国	10	3	5	1	3	1	3	1	14	28
欧盟	7	2	1	0	1	1	1	4	5	19
合计	140	58	84	6	60	77	36	17	222	536

资料来源：ODYSSEE-MURE 能效政策统计数据库。

(1) 生产部门

以芬兰和德国为例。芬兰为了实现 2016 年节约 17.8 太瓦时的国家行动计划目标，以企业部门作为实现能效目标的主体。在总体目标下，涵盖了主要的能源、工业以及服务部门，囊括了这些部门60%的企业或排放量。企业部门能效目标的实现主要依赖于自愿减排协议，利用市场激励机制来鼓励微观主体的行动，例如对能源审计以及能源效率投资给予补贴优惠。参与协议项目的企业设定自己的用能改进目标，实施达到这些目标所需的措施，并每年报告一次节能措施以及能效改进活动的实施情况。自愿减排协议与芬兰实施的其他政策工具如欧盟排放交易机制、能源税、能效标准、能耗标识等互为补充，形成了有效的节能减排体系，保证了芬兰节能目标的实现（史丹和李玉婷，2015）。

德国的国家能效计划分别针对了居民住宅，以及商业、工业、交通运输、工业和服务业（包括公共部门在内的）、交叉等6类不同能源消耗部门[①]。据德国Fraunhofer研究所（2009）报告，德国工业部门被评价为高效的措施包括复兴信贷银行中小企业新能效资金项目、工业界的首次自愿协议以及后来的若干次自愿协议，而复兴信贷银行对生态计划的资金支持措施、工业界的第二次协议、《热电联产法案》、生态税改革则被评价为中效；生态税改革、复兴信贷银行中小企业新能效资金项目在对服务业的能效促进作用中被评价为高效；交通运输业的政策效力评价不高，绝大多数政策措施都被评价为中效。从表6-2中可知，德国当前能效调控最集中的领域为中小企业（38项）和建筑（28项）。

（2）生活部门

居民住宅能效是欧盟国家的重点关注领域。德国高度重视居民住宅能效，居民住宅措施中被评为高效的措施数量远超过其他

---

① 《德国经济低碳转型的政策环境和主要成就》，商务部，2012年7月2日，http://www.mofcom.gov.cn/aarticle/i/dxfw/jlyd/201207/20120708208500.html。

用能部门，若干法律法规被评价为高效，包括生态税改革、能效标识，现有建筑物能效现代化行动和德国复兴银行的住房现代化贷款计划这两项资金支持也被评价为高效，其余大部分资金支持措施评价为中效（Fraunhofer研究所，2009）。德国在全国范围内选出了143座老宅作为节能样板房进行改造，起到了良好的示范作用。英国政府通过财税政策、能耗审计引导居民提升住宅能效。对住宅节能改造和节能住宅交易给予减免税和直接补贴优惠，并对实现"零排放"和"零能耗"的住宅给予税收优惠；英国家庭自2006年3月起，只要通过英国天然气公司安装保暖墙，均可获得100英镑退税。政府每年拨款5000万英镑"能源利用效率基金"，支持居民购买节能设备。英国规定从2008年底开始，"购房出租者"在租出房屋前须申请能耗级别评定，并交纳200英镑环保税，才可获得租赁许可证。

通过信息和宣传提高居民的能效意识也是欧盟国家的重要举措。德国在公共场所都张贴了提示语以提醒公众节约能源。德国目前正在实施的主要信息与宣传能效措施有环保标志"蓝色天使"计划、长期的能效宣传活动、能源咨询与能源审计、高效驾驶宣传活动。基于信息不充分和行为障碍是英国主要能效障碍的认识，政府推行的措施包括：节能建议热线（Energy Saving Advice Line）；推行产品能效标识帮助居民识别节能设备；给居民安置智能电表向居民提供更详细的账单信息来帮助居民了解自己的能源消费情况；投入3900万英镑资助5个企业和家庭的能源需求研究中心开展需求和行为改变研究；与约翰路易斯公司（JLP）合作进行能源效率标识的行为实验，检查提供电力寿命周期运行成本信息是否能帮助消费者购买更多节能产品；类似措施还包括锅炉控热建议的影响实验；与英国基础组织（Groundwork UK）一起调试一个社区节能推广项目。英国非政府组织在信息和宣传中发挥了重要作用，例如新英格兰光污染咨询组织一直致力于向公众普及和推广室外夜间照明的节能知识，倡导使用低流光灯具；2007年4月，8家大型商业和服务机构联合举办了促进环保产品进入家庭的宣传和优惠活动。

6.2 能源消费主体的行为特点与激励

能效政策工具的选择与应用是为了实现相应的能效目标。从能效先进国家的政策演进特点来看，能效政策的多寡并不是政策效力的决定因素，而如何提高政策的针对性和有的放矢则在政策设计中愈发重要，主体定向性的加强成为政策演进的趋势。我国企业和居民的用能目的、消费特点、影响因素均存在显著差异，因此，适宜的调控方式也存在重大区别。换言之，不同政策工具在主体能源效率提升的激励方面所发挥的作用到底如何，本节将结合能源消费主体的行为特点进行分析。

6.2.1 能效政策工具的种类与特点

根据研究的需要，学者们通常将政策工具划分为不同的类型，常见的分类依据包括工具的强制程度、是否使用财力、工具的领域范畴、政府的介入程度、工具使用的目的等（周英男，2008）。一些学者提倡从工具影响行动者行为的角度，将政策工具划分为法律、经济和交流工具，这三类工具的强制性依次递减。以往的能效政策研究中较多地采用了类似狄龙的分类方法，将能效政策工具分为三类或四类。四类的分类方法是将能效政策措施分为信息措施、经济工具、行政（法律）政策、物理措施，例如 Egmond 等（2005）、Linden 等（2006）。其中，信息措施是指能源消费和节能的知识和相关信息的传播，例如节能公益广告、宣传手册等；经济工具是指通过能源税、能效投资税收减免、优惠贷款、价格补贴、排放交易等经济手段提高能源效率；行政（法律）政策是指如碳排放限制、环境质量规范、许可、禁止和法律条例等，一经生效违者将受惩罚；物理措施是一种即时反馈措施，例如智能电表。由于物理措施是通过提供信息发挥作用，因此可以归为信息措施，不少研究者将能效政策工具分为信息措施、经济工具、法律政策三类（例如Coad等，2009；郭琪，2007）。综合上述观点，本书将能效政策工具分为信息措施、经济工具、行政法规。表6-3总结了三类政策工具的特点。

表6-3　　　　　不同政策工具的特点

政策工具	强制性程度	可量化性	系统复杂性	对国家能力的要求	影响	效果
行政法规	高	低	低	高	直接的、强制的	中长期
经济工具	中	高	高	高	催化的	短期
信息措施	低	中	低	低	自愿的、提醒	中长期、改变习惯

资料来源：笔者在广泛参考文献如Linden等（2006）、周英男（2008）、郭琪（2008）的基础上整理；可量化性程度指的是政策工具效果的可量化程度；系统的复杂性是指政策利益相关者的复杂程度；对国家能力的要求是指国家社会组织管理能力的大小。

（1）行政法规

行政法规主要包括国家制定的节能法律、环境保护法律、强制执行的最低能效标准、标识制度、行政命令。这类政策工具应用政府的强制力使社会行为规范化。行政法规的优点是成效快且显著，上升为法律形式以后对社会行为者将产生持久的约束力。西方国家普遍以节约能源法和环境保护法作为能效干预机制的基础。最低能效标准、标识制度在欧盟的政策实践中被证明是最为有效的一种法规。最低能效标准能够直接确保节能降耗的效果，强制淘汰落后生产工艺，激励节能技术的研发，对企业的长期发展有利。能效标识制度能够为消费者购买决策提供能效信息，引导消费者购买高能效产品，同时规范产品市场，促进企业间的良性竞争和节能技术的研发。然而，此类工具对应用环境的要求很高。行政法规通常需要监督执行，为此政府可能需要花费高昂的实施与监管成本。与此同时，由于行政法规具有强制性的特征，对政策对象的影响较大，可能会引发来自政策对象的阻力，例如邢璐和石磊（2010）通过调研发现我国企业对行政命令通常持反感态度。

（2）经济工具

经济工具利用市场为基础的价格协调机制来影响参与者的行为，本书所指的能效经济工具是指以提高能源利用效率为目标的市场激励型经济政策手段，包括财税、补贴、金融、可交易许可证、能源合同管理等。经济手段通过正向激励和反向激励来促进和约束能源行为的选择（Sardianou，2005；王庆一，2006；郭琪，2008），正向激励如对节能和清洁能源等能效产品给予税收减免、价格优惠、低息贷款，从而鼓励消费者选择能效产品；反向激励如能源税、环境税等提高用能价格的政策来抑制能源消费。经济手段对市场主体行为调节作用类似催化剂，其与命令控制类工具最大的区别在于经济手段的非强制性质，赋予市场主体更多的自主权，使得这类工具通常更容易被接受。例如，相比于强制型的政策工具配额（不可交易），经济学早已证明只要将税率制定在恰当的水平也可以达到同样的效果——总量控制下减少确定量的能源消费，并且市场主体出于成本收益的考虑将产生持续的节能动力。与此同时，利用经济工具节能减排具有较低的社会成本已得到普遍证实（Harrington 等，2007；Böcher，2012；李玉婷，2015）。然而，经济工具也存在一定的局限性，一是经济刺激可能会削弱责任和道德的规范的效果，使人们对外部因素的刺激产生依赖而减少自觉节能行为，经济工具的使用可能会造成社会机制的转换（Coad 等，2009；Oikonomou 等，2009）；二是经济激励的强制性较弱，赋予调控对象改变行为的选择空间，但可能导致偏离政策目标；此外，经济工具对政策制定者和实施者的专业知识和管理能力要求较高。

（3）信息措施

法律政策、经济激励都是外部因素，要想从根本上规范能源行为还得依靠行为主体的自觉约束。环境信息的传递是决定能效行为选择的一个重要自变量（Sardianou，2005）。信息措施包括知识普及、信息传达、信息反馈、宣传教育等。政府的宣传教育对行为主体的能源行为发挥着重要作用，民间组织和社会团体在节能知识普及和信息传播方面也能产生较大的帮助，信息措施还包括为行为主体提供足够的信息辅助其进行用能决策和能效投资。信息措施对能效的作用机制可以从两个方面理解：一方面，通过节能信息的宣传、教育、示范、培训等改变行为主体的观念和价值取向，树立起绿色价值观念和能效意识，从而改变生产、生活消费的行为方式；另一方面，通过对知识、操作程序、技能、体制和标准法规所含信息的认知与实践，实现以信息替代能源（郭琪，2008）。通过培养消费习惯的信息措施能够形成较为持久的影响力，而且系统复杂性低，在三类措施中执行相对简便，对国家的管理能力没有很高要求。但信息措施的强制性低，通常需要反复提醒，作用效果较慢。

6.2.2 企业的能源行为特点与政策激励

从前文章节的分析可知，企业的能源消费行为是一种生产行为，除去企业存在组织行为障碍的情况以外，可以认为企业的决策是理性的，以追求利润最大化为目标。许多对企业的调研都证实了这一观点，例如 De Groot 等（2001）通过对荷兰 135 家企业（涉及 9 个部门）进行调查研究，企业能效技术投资行为的决策过程是理性且基于成本—收益分析的。被调查的企业表示当实施旨在提升能效的能源税收政策时，其最佳的反映策略是选择引进节能技术和开发节能技术，而选择承担税收并不做任何回应的选项评价最低，这充分显示了税收政策对企业尤其是高耗能企业的节能行为会有积极的促进作用。同时，在没有影响企业利润和竞争地位的情况下，企业接受能源税的意愿更大。也就是说，企业的行为是积极响应市场信号和遵循市场规律的。

经济学中已经证明，市场通常是资源配置的好方法。在完全市场的条件下，企业在市场机制下的利润最大化决策可以带来资源的最优配置。针对作为经济主体的企业，经济手段目前仍是最行之有效的手段之一。在对待不同能效政策的态度上，De Groot 等的研究结果表明（如图 6-2 所示），企业对补贴（R&D，投资）的偏好明显好于税收，自愿协议相比于政府的强制性标准规定（技术标准、能源使用标准等）更受青睐，这表明企业更愿意自主决定如何实现政府的能效目标。前文对我国企业部门能效影响因素的实证分析表明，企业对经济因素变动的响应较为敏感。在其他学者对我国企业的调研中也得到了证实，例如刘莉等（2011）和邢璐和石磊（2010）对我国企业的调查研究均表明，企业采取节能行为的首要动机是增加企业的经济效益，多数调查企业把增加效益和提升企业形象作为该企业实施节能降耗的主要

第6章 中国能源利用效率政策构想

原因。在市场条件允许的情况下,应当充分发挥市场机制的资源配置作用,利用经济工具实现企业的能源效率。

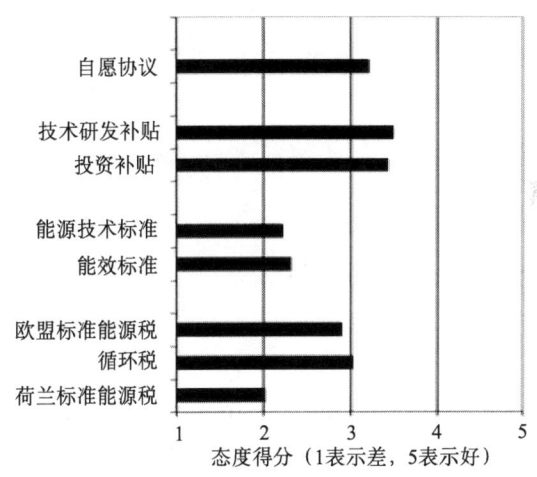

图6-2 企业对不同能效政策的态度

资料来源:De Groot 等(2001)。

虽然经济工具对激励企业提高能源效率是一种有效的方法,但当前市场不健全、能源市场失灵的现象在我国较为严重。第5章对企业能源效率障碍因素的实证分析表明,造成我国企业能源效率的主要障碍因素来源于企业的决策环境即市场本身,具体而言包括金融市场发育落后形成了能效投资和风险分散壁垒,经济市场化程度不足(市场机制不健全)、管制下的低能源价格使企业缺乏节能的积极性、环境规制薄弱未能反映用能的社会成本。法律经济学的奠基人科斯认为环境外部性的根源是权责不清,通过明确界定排污权或健康权,人们可以自发解决外部性。市场交易依赖于制度体系,具体而言市场机制的建立、经济工具的应用需要政府提供制度保障。从世界能效先进国家的能效政策实践经历来看，几乎都是从法规建设开始的。消除我国企业的能效障碍需要"有形的手"（政府提供制度保障）和"无形的手"（经济工具）相配合。提高企业的能源利用效率，要通过"有形之手"的调控，充分利用经济、政策和监管手段，形成倒逼机制（李玮，2011）。

6.2.3 居民的能源行为特点与政策激励

政策干预对居民能效行为的影响机理可以利用特里安迪斯行为模型进行分析和预测，如图6-3所示。居民与企业能源需求最大的不同便是在居民的成本收益决策中，本身就带有价值判断。居民自身的偏好决定了能源无差异曲线和需求曲线的形状。据马斯洛需要层次理论，人们在生存需要得以满足后，会追求更高层次的需要。绿色消费作为一种高层次的消费，在人们的基本生活需要得到满足以后，消费者对环境保护、社会责任、可持续发展的关注度会增加（仇立，2015）。研究者们发现，人口中存在一定比例的"绿色消费者"，即具有亲环境意识、会主动购买绿色产品的消费者。学者们对于我国绿色消费者比例的研究结论存在较大分歧（5%～30%），万后芬和杜鹏（2008）认为该比例约为13.3%，王民（1999）则认为中国居民的环境意识是"自我保护型"（关注个人经济利益）。居民的能源需求和偏好具有较强的可塑性。亲环境行为需要政府的引导，研究认为环境价值观和态度是亲环境行为的主要决定因素，对中国公众的研究也得出了同样的结论（Chan，2001；黎建新和詹志方，2007）。环境价值观和态度的树立将改变能源需求的无差异曲线，行为主体更倾向于选择节能。

第6章 中国能源利用效率政策构想

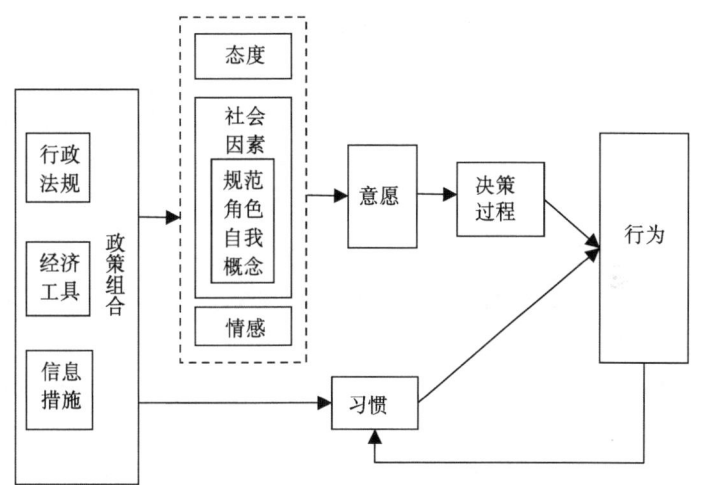

图6-3 政策促进能效的行为的机制

居民的能源需求并不是直接需求,而是一种引致需求。本书第5章的实证分析表明,居民的能源行为受生活方式和习惯的影响很大。居民的日常用能行为表现出较强的习惯性行为特点,即不经思索的行为。可持续的能源行为是一种习惯全新的习惯养成过程。当可持续的能源行为(使用和投资)成为习惯时,消费者才发展成真正的绿色消费者,此时绿色消费会成为其较稳定的行为方式和不二选择(Pedersen和Neergaard,2006)。消费者通过主动的学习和分析过程,其在特定领域的绿色行为还会延伸到其他领域(Loureiro等,2003;仇立,2013)。如果人口中有一定数量的个体采取可持续的能源行为,能够通过社会学习过程在人口中传播,那么该行为的收益就会呈现递增的趋势,最终形成一种社会规范(Nyborg,2006;Buenstorf和Cordes,2008)。提高居民能源效率的关键也就意味着培养可持续的生活方式和绿色用能习惯。要想从根本上规范居民的能源行为,需要依靠人们自觉节能，充分利用知识普及、信息传达、信息反馈、宣传教育等信息措施改变人的价值观和态度，培养可持续的生活方式和绿色用能习惯。信息措施通过促进消费者的自觉行为发生作用，与强制性措施相比，其优越性还在于不会降低居民的福利，符合我国能效目标和能效改进的内涵。

居民的能源行为受制于预算约束，本书的实证分析也表明经济因素会对我国居民能源消费产生显著影响，尤其是收入。对于低收入居民而言，收入构成了其能效行为能力的障碍，经济激励例如对农村居民的优惠电价、节能灯补贴，能够增加低收入居民对优质能源的消费和能效投资。值得注意的是，收入对于居民能源消费的影响是两面的，例如 Brenčič 等（2009）发现，随着加拿大家庭越来越多地购买高能效设备，居民的能源使用量反而增加了，在本书的实证研究中也同样得到了证明。提高能源价格会对居民能源消费产生负向激励，然而，由于能源的生活必需品属性，人均电力消费量常被作为判断人民生活水平的指标之一，尤其是在社会保障机制不健全的条件下，以能源价格作为实现居民能源效率的工具争议性较大。此外，研究表明经济工具对居民能效的促进作用是短期的，例如补贴一旦取消，节能行为也随之中止。经济因素可以为行为的发生创造财力条件，但经济激励作为外部诱因，仅对引致节能行为会产生明确的影响，无法长期有效地促进节能行为的实施（Coad 等，2009；Oikonomou 等，2009）。如果仅仅依靠经济工具，人们就会越来越不容易受到内在动机的驱使去行使节能行为，这会对自觉节能行为产生消极影响。经济工具与信息措施结合使用可能是一种好方法，例如 Abrahamse 等（2005）发现奖励与信息反馈能够更加有效地改变居民的能源行为。

强制性措施主要运用在生产性能源消费领域，而居民能源消费的应用很少。法规政策，例如英国的《家庭节能法》、能效标识法规，在居民部门主要通过能效意识的形成发挥作用（郭琪，2008），这些法律虽然针对居民的能源消费但强制对象不是居民，而对居民的影响主要是通过法律的权威引起居民的重视。行政法规的强制性容易导致社会支持的缺失，从国际实践和学者们的观点来看在居民能效领域不宜提倡强制性措施（岳婷，2014）。

鉴于企业和居民的能源行为特点、影响因素存在较大差异，提高企业的能源利用效率适宜充分发挥制度建设和经济工具的作用，而居民能源效率则需注重节能意识和消费习惯的培养，信息工具的优势更为明显。在解决具体能效障碍问题时可供选择的政策工具较多，各种政策工具都有各自的优缺点，单一政策通常难以达到理想的效果，需要进行相机抉择和系统规划，形成相互协同、互为补充的政策机制，难以一言蔽之。

6.3 构建中国能效政策体系的建议

"十三五"规划提出了经济、社会、能源、环境协调发展的目标，能源利用相关的约束性指标包括到2020年非化石能源占一次能源消费的比重达到15%，能源强度累计下降15%，以及单位GDP碳排放强度累计下降18%。能源利用效率的重点目标是实现最大化能源服务、能源消费总量节约、能源结构的优化。为实现我国能源效率目标，在此依据前文的研究结果、借鉴以往的研究成果和国际先进经验，提出我国能效政策的优化建议。

6.3.1 总体规划建议

（1）注重系统性规划

从能效先进国家的能效政策体系的构建经验来看，建立了清晰的长期目标，以明确的纲领性文件作为指导，逐步推行能效政策，重视政策之间的衔接和协调。在欧盟层面设立了统一的行动目标和规划，各个国家围绕欧盟指令定期制定相应的行动计划。欧盟指令和国家行动计划都是动态的，不断进行总结和改进，例如2012年以更为完善的《欧盟能源效率指令》替代先前的《欧盟终端能源效率和能源服务指令》，英国在2012年提出的《能源效率战略》中对以往的财税政策进行了反思并对不恰当的干预政策提出了修订。

我国在"十一五"时期以前，没有提出明确的能效目标，能源强度的下降主要依靠技术进步，由于缺乏政策指导，"十五"期间能源强度还发生了反复。"十一五"规划中首次明确提出了能源效率的约束性指标，能效政策的建设速度开始加快，对比"十一五"前后时期能源效率的变化可知，相关政策对企业能源效率的提升产生了明显的促进作用。但能效目标的实现主要依靠对重点行业的行政命令手段实现的（刘莉等，2011），节能行为与企业经济利益完全对立，没有与经济目标、消费主体的行为特点相结合，企业行为缺乏自主性节能意识的引导，被动应付节能措施。干预方式单一、缺乏延续性、稳定性差，系统的能效政策体系有待建立。

（2）应用多元化的调节手段

能效政策体系的构建应当采取多元化的政策调节手段。在国家层面的能源效率目标是能源服务最大化、节约能源消费总量、优化能源结构，分解到能源消费主体上的目标含义有所不同：对于生产型能源消费的企业而言，意味着调整产业结构、提高能源的生产效率（在不增加能源消费的前提下提高产出）和生产全过程的能源管理；对生活能源消费的居民而言，则意味着提高能

第6章 中国能源利用效率政策构想

效意识、养成绿色的生活习惯、在不降低居民福利的前提下优先选择优质能源、高能效产品和节约用能。从前述的分析可知，节能主体既有追求效用最大化的理性人特点，也有追求行为自由的价值倾向，单纯强调对行为主体线性影响的政策已很难取得显著成效。同时，理论与实证分析表明，各个不同主体对于政策的诉求存在显著差异，如对广大居民而言，对其进行教育宣传、消费理念培养更易发挥积极效果；对企业而言，政策体系要充分体现其自主经营的理念，在节能减排措施上，可以实施政府与企业协调配合的方式，通过自愿协议或节能承诺与经济激励的方式推进。

不同政策措施都有各自相应的优缺点，多元化的政策组合能够提高干预效力。行政法规具有强制性，经济手段具有催化作用，信息是用能主体决策的重要参考，信息工具可以影响自觉节能行为。从各国实践节能的政策措施来看，单一的政策工具难以有效地实现节能这一系统实践活动。诚如 Saunders（2006）所指出的，不要指望单一的理论主体和单一的范式能够提供问题的所有答案。在实践中，需要根据具体情况综合运用最低能效、能耗标识、税收、信贷优惠、加速折旧、价格补贴、自愿协议、能源审计、培训、示范项目、宣传教育等多种手段。例如 Abrahamse 等（2005）通过对比分析 38 个居民能源行为的实证研究，发现单纯的信息宣传并不一定能促进能效行为，而持续的信息反馈结合奖励（同时作用于态度和情境因素）可能是一种较为有效的方法。

6.3.2 提高生产部门能效的政策建议

第 4 章的实证分析表明，生产部门的能源效率鸿沟主要是由企业的外部经验环境造成的，影响因素包括：金融市场发育不足不能给生产性消费者的能效投资提供有效的资金支持和投资风险分散渠道，环境规制薄弱产生错误的激励，市场机制不完善对资源的配置作用有限，能源价格偏低未能反映用能的真实成本。基于此，在结合实证结果的政策启示和国外政策工具的有益经验基础上，本书提出缓解和移除生产性消费者的能源效率障碍，提高生产部门的能源利用效率的政策建议。

（1）为企业的能效投资提供资金支持和投资风险分散渠道

①提供能效投资的信贷优惠政策。

资金约束是导致企业能效投资不足的重要原因。金融市场是企业获得能效融资、分散风险的重要渠道。金融市场不健全，企业便得不到有效的金融支持，实证研究结果表明金融市场发展不足是我国企业生产部门主要的能源利用效率障碍因素之一。节能项目由于收益的不确定性，项目融资十分困难。贷款难是我国大多数中、小型企业面临的问题。从国际经验来看，德国通过复兴信贷银行中小企业新能效资金项目对服务业、工业、交通运输业提供资金支持取得了良好的效果。我国亦可以通过引导金融市场加大对企业与循环经济、碳减排、节能改造有关的投资提供信贷支持，优先为循环经济、碳减排、节能改造项目提供融资服务，提供投资风险分散的金融产品等方式为企业提高能源利用效率提供金融支持。在环境能源形势愈发严厉的现实境况下，可以考虑设立并扩大实施范围的绿色金融等优惠信贷政策支持工具，积极推进中小企业在节能改造、技术提升和清洁能源利用等方面的融资优惠。此外，考虑到能效服务市场化手段的日益多元，能耗企业主体在融资渠道不畅的背景下可以考虑融资租赁、第三方委托等途径实现能效提升。

②加大财税政策支持力度。

我国金融体系不成熟，需要依靠政府作为节能活动和能效项目的主要融资渠道。实证研究表明,能效政策的制定需要考虑企业的行为特点才能发挥其积极性。鉴于企业对经济激励工具较为敏感,可以利用财税等经济手段政策提高生产部门的能源效率,具体而言,通过综合运用补贴、税收减免、加速折旧、优惠信贷、贷款担保、专项基金等财税手段鼓励企业进行能效投资。同时,考虑到企业能效设备投资成本负担的现实,可以在设备或技术投资的过程中,积极利用消费型增值税来加大对企业的投资激励,一方面把有利于提升能效和促进能源节约但仍未被纳入增值税抵扣的设备更新或技术投入纳入进项税抵扣范围,减轻企业成本负担;另一方面把已纳入抵扣范围的设备更新或重置项目进行抵扣链条的延展,必要时可以考虑把所有涉及环节都纳入抵扣。

③积极发挥合同能源管理在能效服务市场中的作用。

降低企业节能增效债务负担和推进企业节能增效积极性之间是可以并行不悖的。由于第三方服务在能效提升方面发挥着越来越重要的作用,通过培育并利用能效市场提高企业的能源效率已成为发达国家经验所证明的有效途径。合同能源管理的发展不仅有利于提供更为专业高效的节能途径,推动节能服务的产业化,而且可以通过节约企业消耗支出成本和亲环境设备的财务支出推动企业更加积极参与到能效提升的进程中。此外,作为新兴能效市场,我国政府虽然出台了扶持合同能源管理的指导性意见,但缺乏配套的政策细则(卢志坚和孙元欣,2012;朱汝泓,2015),因此,要积极发挥合同能源管理分散企业投资风险和促进企业能效设备投资的效用,就需要对合同能源管理市场的发展进行必要的政策支持。

(2)纠正用能的环境外部性和错误激励

①完善环保与能效的法规和监管体系。

从国外实践来看,发达国家在能效方面的立法较早,形成了较为完善的法规政策体系和政策监督实施机制,既制定了基本的节约能源法,还针对各个领域的节能减排行为制定了专门的法规政策。可以说,发达国家普遍采用法规政策作为能效政策体系的先行保障,法规体系的建立能够极大地提高国家、企业和个人在能效方面的义务门槛,形成一种"硬约束"。

相比于国外针对能效的法制实践,我国能效政策法规的建设起步较晚,1997年首次通过《中华人民共和国节约能源法》。虽然近年来能效方面的法规制度不断增加,据中国标准出版社2009年出版的《节约能源法规文件汇编》统计,我国有关能效提高的政策法规已经有上百个,但法规建设存在结构性缺陷、内容性缺陷、配套性缺陷和协调性缺陷[①]。例如作为国家基本法的《中华人民共和国节约能源法》,在最初制定时,相关条款大多仅仅是原则性的,缺乏强制性惩罚措施和执法手段,也未能明确执法和监督主体。此外,我国在节能法律、环境保护法律以及专门针对产业、产品的专项法规等制度建设上还有待完善,在相关法规内容的制定和执行过程中存在不少问题。

前文的实证结果已充分证明,法规和监管体系不健全是导致我国生产部门能源利用效率鸿沟的重要因素。基于此,加强对应法律制度和监管体系的完善与功能健全是十分重要的,也是当前与未来政策推进的着力点,具体而言,短期内对于已经实施的法律法规应该根据改革和发展的需要和形势变化及时修订和完善。针对我国在节能法律、环境保护法律、强制执行的最低能效标准、标识制度等方面存在的不足之处,相关职能部门要加快完善和更新调整,以实现能效标准和法规的与时俱进。同时,应当加

---

① 陈丽平:《节能法律法规体系亟待尽快完善》,法制网,http://www.chinagb.net/news/waynews/20101224/73466.shtml,2010年12月24日。

强节能减排执法监督的力度,落实对违法、违规行为的处罚。加强对重点用能单位和污染源的执法检查,并对检查出存在违法、违规行为的单位及其有关负责人严肃处理。推行节能减排执法的责任制,对发现执法不严、行政不作为等行为的管理部门和执法机构负责人要严格追究其责任。长期来看,最为重要的工作是制定、完善和有效实施针对能效的基本法,使其成为不同主体依法约束能源消费行为的"硬约束"。与此同时,考虑到我国区域经济发展的不均衡性和各地区在环境保护、能源资源利用等方面采取的有偏制度选择,使得地区能效制度与执行体系的不平衡性愈发凸显,中西部环境保护规制落后甚至有形成发达地区产业转移的污染天堂的迹象——东部发达地区企业不是通过增加能效投资和能源管理来提高能源利用效率,反而转向了环境规制薄弱的中西部地区,逃避环境规制,造成地区能效水平差距拉大。因此,一方面要积极推进全国层面能效法律法规标准的统一化,并使其成为底线标准;另一方面,要积极加强不同区域间能源制度体系间的协调,避免出现不利于能效提升的政策洼地效应,同时,积极鼓励有条件地区进一步提高能效约束标准,自然在此过程中,动态监管是必要的,也是十分重要的。

②提升能源税实施效力和推动环境税适时征收。

能源的生产和使用过程中会产生负面的环境外部性效应。推行收入中性的能源税和环境税被认为可以产生"双重红利",中性的税收是指在开征新税的同时通过减少其他财政征收实现税负平衡,不增加纳税人的负担。用能源税和环境税代替扭曲性税种的收入可以获得"双重红利":第一重红利为环境改善,第二重红利为减小扭曲性税种造成的效率损失,提高效率,增加产出,甚至促进就业(李玉婷,2015)。例如德国通过对天然气、电、石油的用户征收能源税来促进节能减排,同时又通过将90%的税费收入以降低退休金交费的方式重新返还给民众以减轻民众负担；英国则将税收资金集中，投入到碳基金和节能基金中使用。能源税的征收对象可以选择生产者或消费者，目前，多数国家是在化石燃料使用链条的下游征税，即以能源的使用者为主要纳税对象。欧盟国家普遍征收了以碳税为代表的环境税，英国还推行了天气税。

我国目前已经对能源产品实行了消费税，但能源消费税体系存在明显不足。我国能源税的征收环节和范围不合理，征收环节选择了上游的生产者，消费者难以感受到税收的约束力；仅对能源消费中占比较低的柴油、汽油征税，而高污染高排放的煤炭、不符合节能技术标准的高耗能产品则未被纳入征税范围；而乙醇汽油、生物柴油等清洁能源却被纳入征税对象中。能源税税率的设置也有待改进，与发达国家相比税率明显偏低，未能体现环境外部性成本（白洋，2014）。发达国家环境税的实践经验取得了良好的成效，根据我国当前及未来的环境保护形势和能效约束目标，我国应适时推行环境税的征收。

（3）推进能源市场化改革和能效市场建设

①有序推进能源价格市场化改革。

与西方国家不同，我国经由计划经济、双轨制经济逐步转向市场经济，撇开企业自身的组织行为障碍和能源外部性导致的市场失灵，生产部门能源利用非效率的一个重要原因还在于市场机制并不完善。实证结果表明提高经济的市场化程度和能源价格能够降低生产部门的效率鸿沟。但价格的调节作用受制于市场机制的完善程度，当前的管制价格下，价格约束对企业能源利用非效率的影响有限，这也就是造成价格因素对企业能效鸿沟影响的显著性偏弱的原因。虽然经济总体的市场化程度不断改善，但要素市场的发育程度依然较为落后，尤其是能源市场的效率较低，突

第6章 中国能源利用效率政策构想

出地表现在能源价格补贴、终端能源价格处于高度管制状态，能源市场的垄断程度较高导致生产效率低下、能源产业本身也是能耗大户，单一的所有制结构等方面。客观而言，形成有利于资源优化配置、供求形势要求以及内生化外部成本的能源价格机制是推进市场化改革的重要出发点和落脚点。价格管制成为能源市场化推进的重要制约，基于当前能源市场改革形势和未来政策取向，积极推进价格放开和准入放开下的市场结构多元化应成为重要方向。

②利用碳排放交易市场建设增强企业提升能效的自主性。

碳排放交易市场是解决气候变化问题的重要市场手段之一，该体系最重要的目的便是确立碳排放的市场价格水平。碳交易体系中，排放权的明确界定能促使作为市场主体的企业将低碳减排自动纳入决策，企业间自发的碳交易往往可以降低整体成本并提高效率（李玉婷，2015）。欧盟于2005年建立了世界上最大的温室气体排放交易体系（EU-ETS），成为全球碳市场发展的引擎。欧盟碳排放交易体系在保证节能量的同时，通过指标交易将节能量转化为经济效益，激励节能成本较低的企业在完成基础目标之外进一步发挥节能潜力，使企业节能减排变得有利可图从而发挥其积极性。大量实证研究考察并证明了欧盟碳交易机制的有效性，如Anderson和Di Maria（2011）核算出欧盟碳交易市场在第一阶段（2005~2007年）的二氧化碳总减排量约为24700万吨，碳交易机制对能效投资和技术创新也产生了一定的积极影响（Rogge和Hoffmann，2010；Martin等，2012）。

我国从2011年开始已经启动了碳排放交易试点工作的进程，国家发展改革委下发《关于碳排放权交易试点工作的通知》，同意湖北、广东、北京、天津、上海、重庆和深圳进行碳排放权交易试点。截至2013年末，深圳、上海、北京、广东和天津先后启动了地区碳交易。然而，碳排放交易的覆盖范围不全，地区间环境规制进度的不一致容易引起碳泄漏和污染的地区间转移。因此，我国应当继续推广碳排放权交易试点工作，统一全国的节能减排步调，尽快建立起全国范围内的碳排放权交易市场。值得注意的是，碳交易的实施较为复杂，涉及配额、碳交易体系、交易平台、清算结算以及市场监管等机制的建立。需要加强温室气体排放的统计和数据库的建设，不断完善碳排放权交易的管理体制，增强相关机构的科研水平和管理能力，可以考虑引入第三方独立市场监督机构，为碳排放权交易市场有效运行提供保障。

6.3.3 提高生活部门能效的政策建议

（1）引导绿色消费习惯和生活方式

居民并不直接消费能源，而是为了满足食物、热水、取暖、照明、清洁、娱乐等需要的过程中使用能耗设备引发的。生活能源消费作为一种引致性需求具有习惯性消费的特点，居民的能源行为与生活方式和习惯密切相关。实证结果表明居民的生活习惯和生活方式对居民的能源行为具有显著影响，生活用能呈现出路径依赖的特点。不当的用能习惯如人走灯留、过度依赖温度调节设施、散烧煤炭等阻碍了居民能源效率的实现。生活习惯和生活方式的不同不仅造就了个体和家庭能源效率的显著差异，也造就了我国城镇居民和农村居民能源效率的显著差异。提高居民能源效率的一条重要途径便是改变居民的浪费习惯和非可持续的生活方式，使居民养成绿色用能习惯和可持续的生活方式。

①加强社会规范引导。

依据消费者行为的相关理论，人们的行为是由内在的主观规范和态度决定的，而行为的频繁发生便形成了习惯。相关研究表明，我国居民的能效意识是欠缺的。例如 Feng 等（2010）通过对我国辽宁省家庭电力消费节约情况进行研究发现，仅有2%的受访者有意获取关于节能和能源效率的信息和宣传册，而奇怪的是，90%以上的受访者认为相对于环境保护等因素，成本才是关键的考虑因素。Wang等（2011）通过对北京市居民消费意愿和行为特征的研究来探讨家庭进步减少电力消费的可能性，结果发现由于政策确保北京电力供应，相比其他地区北京居民的电力短缺意识并不强烈。因此，需要通过树立我国居民亲环境的价值观和态度、改变能源行为的偏好，使人们更倾向于产生提高能源效率的行为，并逐步养成可持续的用能习惯和生活方式。可持续的用能习惯和生活方式一旦养成便会持续自动保持，长期影响居民的用能行为。由于人的社会属性和个人行为的社会属性，人们会通过观察社会群体中他人的态度、行为而学习到社会态度和社会行为，个人可持续生活方式的养成还会通过社会学习过程在人口中传播，形成节约能源的社会规范。节约能源的社会规范将会对全体居民的能源行为产生约束。

意识形态的引导需要通过宣传教育和信息反馈发挥作用。从国际经验看，欧盟各国都根据各自的情况采取了引导居民能源行为的措施，例如德国在公共场所都贴有节约能源和资源的提示语，并长期开展各种能效宣传活动；英国的经验表明非政府组织和社区在节能意识的宣传教育中可以发挥重要作用。可以使用的具体信息手段的种类较多，我国政府可以借助各种传播渠道、运用多种方式对居民进行全面、多层次、多方位的思想意识和能效知识的宣传教育，例如公益广告、宣传手册、专题活动、信息咨询、账单提醒等。

②促进能效知识的传播。

要想改变居民的用能行为和消费习惯，除了态度和主观规范以外，认知和能力也是行为改变的限制条件。Feng等（2010）

表明中国居民的能效知识和技能存在欠缺。一方面，当今社会的技术进步速度很快，作为非专业购买者的普通居民难以对家用设备的性能作出准确判断，居民购买家用设备的重要渠道是厂商，国际经验表明推广产品能效标识是帮助居民识别节能设备的有效途径。另一方面，还需要提高居民日常用能节约的知识和能力。从国际经验来看，各国政府普遍重视居民能效知识的传播和能力的培养，欧盟国家采取的措施包括"明智用能培训项目""安全和燃油经济性驾驶标准"等教育培训项目，提供节能服务咨询（德国开设了节能咨询点、节能网站，英国开设了节能热线咨询服务），以及公益广告、发放宣传资料等宣传教育活动。我国政府也应当提供居民获取节能知识、家用设备使用节能技巧和方法的信息渠道，例如设立开设节能信息网站或咨询中心、提供节能咨询服务、普及节能管理知识，并开展高效用能的培训活动，使居民明确了解应该做什么和怎么做才能提高能源效率。

要想从根本上规范居民的能源行为，需要依靠人们自觉节能，充分利用知识普及、信息传达、信息反馈、宣传教育、培训等措施改变居民的价值观和态度，提高居民的能效知识水平和技能，培养可持续的生活方式和绿色用能习惯。由于习惯的养成需要一个较长的过程，传播沟通教育也需要长期持续进行。

（2）对居民实施有差别的经济激励

①按照能源消费量实行累进的价格。

价格和收入构成了居民能源行为的预算约束，经济工具通过改变预算约束发生作用，前述实证结果表明提高能源价格对生活部门的能源效率具有显著促进作用。能源价格处于管制和受补贴的状态也就限制了能源价格对居民能源效率的激励作用。从长期来看，能源价格市场化是必然的趋势，能源价格的市场化、去除补贴将有利于提高生活部门的能源效率。但在我国社会保障不健全的情况下，能源价格补贴实际发挥了收入转移支付的调节功能。人均能源消费是国际上通行的作为评价居民生活水平的重要指标之一，因此人均能源消费并非越少越好，以能源价格作为调节工具，需要综合考虑居民福利和能源节约。提高能源价格会对低收入人群的福利产生较大冲击，在能源价格去补贴的过程中，需要对低收入群体采取保障性措施。

可以采用累进的定价方式如阶梯定价对超额用能的行为提供负向激励，采用惩罚性定价的策略制约能源浪费行为，同时应当保证低收入人群的生存用能。从杭州市的阶梯峰谷电价效果来看，非线性定价机制的实行存在诸多困难，梯度的选择和对应的价格十分重要，梯度过高或过低都将难以发挥调节作用，需要在充分调研的基础上制定科学的梯度和对应的价格。同时，实证结果表明，能源作为生活必需品，居民生活能源消费总体上对能源价格的变动是缺乏弹性的，经济激励的效果具有短期性的特点，会随着时间的推移而减弱。因此，经济激励可与信息手段结合使用以增强行为改变的效果，例如同时提供信息反馈和经济激励。

②以补贴提高低收入居民的能源效率。

实证结果表明，收入对居民生活能源行为的影响较大，但由于收入对居民能源的综合利用效率存在两个方向相反的影响，即同时提高能源和高能效产品的购买力，收入水平限制了我国广大农村和贫困落后地区居民提高能源效率的能力。我国生活能源消费的收入弹性最低的省区主要为西部欠发达的省区，收入的效率效应较大，收入增加对于促进贫穷地区的能源消费结构优化、提高能源效率产生了重要作用。鉴于收入约束阻碍了低收入群体实现能源效率，低收入家庭无力负担能效投资和优质能源，政府可以采用补贴促进低收入居民的能源效率。通过加大对农村和落后地区可再生能源利用、能源基础建设的扶助，增加贫困地区对优质能源的可获得性，降低居民优质能源的使用成本，能够显著改善能源消费结构、提高能源效率。经济激励例如对低收入居民建筑节能改造给予一定的补助、优惠贷款等，不仅能够有效节约能源，还能提高居民的福利。

6.4 本章小结

本章以欧盟国家为例，对国际能源效率政策体系的演变特点进行了归纳和总结，发现国际能效政策体系的演变表现为从单一政策向系统化能效政策体系发展的特点，近年来政策的针对性得到强化，向加强主体定向性的方向迈进。按照政策工具的特点，能效政策工具可以分为信息措施、经济工具、行政法规。鉴于企业作为经济主体对市场信号响应积极的特点，本书认为在市场条件允许的情况下，应当充分发挥市场机制的资源配置作用，利用经济工具实现企业的能源效率，但现阶段在市场机制不完善的条件下市场的作用有限，还需加强制度建设和法规保障。居民用能行为受制于预算约束，可以通过经济激励提高居民能效，同时居民能源消费受主观偏好和习惯的影响较大，且偏好和习惯具有较强的可塑性，应当充分利用信息措施改变人的价值观和态度，培养可持续的生活方式和绿色用能习惯。

结合能效政策的目标、国际经验、政策工具特点和能源消费主体行为的影响因素，本书建议优化中国的能效政策体系应当着重考虑以下方面：一是总体上注重系统性规划，应用多元化的调节手段，综合考量政策工具的特点和行为主体对政策的诉求；二是提高生产部门的能源效率应充分发挥市场的作用，为企业的能效投资提供资金支持和投资风险分散渠道，纠正用能的环境外部性和错误激励，推进能源市场化改革和能效市场建设；三是提高生活部门的能源效率宜充分利用信息工具，引导绿色消费习惯和生活方式，对居民实施有差别的经济激励。

第7章
研究结论与展望

7.1 研究结论

本书基于提高能源利用效率需要落实到行为主体的基本认识，从生产与生活能源利用的视角研究了中国能源利用效率的影响因素，分析了中国能源利用效率的历史和现状以及生产和生活部门对中国能源利用效率的影响，从理论和实证两个方面对生产部门和生活部门能源利用效率的影响因素进行了研究，最后提出了适用于我国不同类型能源行为主体的政策方案，得出了以下主要结论：

第一，中国能源利用效率的历史和现状以及生产和生活部门对中国能源利用效率的影响。从国际比较、不同部门能源效率，以及地区终端能源效率现状来看，我国依然存在较大

第7章 研究结论与展望

的能效提升空间，生产部门的能源效率问题更为严峻。1978年以来，中国能源利用效率在小幅波动中不断提升，中国能源强度下降的主要动力是生产部门的技术进步，尤其是工业的技术进步；产业结构的变化则产生了消极的作用，高耗能工业的过度扩展是"十五"时期中国能源效率倒退的主要原因；生活部门能耗强度的变动对降低单位GDP能耗也产生了积极的影响；空间效应（以地区经济占全国GDP比重代表）的影响相对较弱。

第二，生产部门能源效率鸿沟的影响因素。生产部门存在能源效率鸿沟，诸多能源效率障碍因素共同导致了中国生产部门能源效率鸿沟，主要与市场失灵和市场障碍有关。1997~2013年间，中国30个省区生产部门的能源利用对最优水平的偏离80%以上应归因于能源效率鸿沟。金融市场发育不足是造成生产部门能效鸿沟最重要的影响因素；环境规制薄弱、经济市场化程度不高、能源价格偏低、产业结构重化也是导致生产部门能效鸿沟的重要原因；生产部门自身的组织行为障碍也有一定影响，但主要的障碍因素还源于企业经营的外部环境。"十一五"时期以来，环境政策的收紧和能效制度的形成显著改善了企业的生产方式，能源消费与产出的关联性增强，即无效使用减少，促进了能源的有效利用。

第三，生活部门能源利用效率的影响因素。家庭住宅用电和居民部门的生活用能均表现出习惯性消费的特征，非经济因素对居民能源效率的作用不容忽视，消费习惯、生活方式对生活部门的能源效率具有显著影响。经济因素对居民用能也具有显著影响，然而，由于能源的生活必需品属性，居民生活能耗总体上对经济因素的变化缺乏弹性。

经济因素的影响：收入对居民生活能源行为影响较大，但收入对居民能源的综合利用效率同时存在正效应和负效应，即收入增长提高了居民对高能效产品的购买力,也提高了能源的购买力。能源价格的提高,具有激励居民减少能源消费的作用,但在当前的价格机制下,能源价格的约束力较弱。由于能源的生活必需品属性,总体上居民生活能源消费对经济因素的变化缺乏弹性。地区居民生活能源消费的长期收入弹性、价格弹性存在较大差异,能源消费收入弹性最低的地区主要为西部欠发达省区,收入增加对于促进贫穷地区优化能源消费结构、提高能源效率具有重要作用,从而抑制了能源消费的增长。从杭州的实施情况来看,居民阶梯峰谷电价在节能降耗上的作用没有得到有力的证实。

非经济因素的影响:能源在日常使用中,表现出习惯性消费的特点,即呈现出明显的路径依赖。用电行为变量体现了居民的生活习惯,在表示居民用电行为的变量当中,是否用电降温、是否用电热水以及电视和电脑数量与居民电力消费显著正相关,应当认为居民的生活习惯对电力消费具有重要的影响。前期的能源消费量和城镇化反映了用能习惯和生活方式变化的影响,二者对居民人均生活能源消费具有显著影响,表明消费习惯、生活方式对居民能源行为具有显著影响。受教育水平的影响未能通过显著性检验,但鉴于受教育程度与环保意识、环境心理的关联性并不直接,因此也不能否认环保意识、环境心理对居民能源消费的作用。

第四,能源利用效率政策构想。从国际能源效率政策体系的演变特点来看,系统性和主体定向性不断增强。可以从以下几个方面优化中国的能效政策:总体上,注重系统性规划,应用多元化的调节手段,综合考量政策工具的特点和行为主体对政策的诉求;提高生产部门的能源效率应充分发挥市场的作用,为企业的能效投资提供资金支持和投资风险分散渠道,纠正用能的环境外部性和错误激励，推进能源市场化改革和能效市场建设；提高生活部门的能源效率宜充分利用信息工具，引导绿色消费习惯和生活方式，对居民实施有差别的经济激励。

7.2 研究局限性及展望

能源利用效率在实践中是一个涉及能源、经济、环境、社会的综合难题；在理论上又是跨越包括能源经济学、产业经济学、行为经济学、制度经济学、发展经济学、社会心理学等多学科的交叉性复杂问题。国内对能源利用效率的研究长期集中于生产领域，注重在国家、地区或行业层面对能源利用效率进行计算和比较，直到最近几年才开始关注居民用能问题。国外的研究范式和所涉及的领域虽然更加丰富，尤其是对国内研究的空缺领域——微观主体的能源行为进行了较多探索，但不同领域的研究依然严重割裂，即便是在同一学科如经济学的框架下也鲜有研究将微观行为主体和经济宏观层面的能源利用效率问题联系起来分析。加之我国缺乏微观统计数据，这就导致本书不得不在缺乏成熟理论、方法、范式和数据的条件下展开研究。本书虽然力图对生产性和生活性能源消费主体的能源利用效率问题提供充分解答，尽力搭建一个较为完整的逻辑框架和结构体系，但仍然存在不少有待深化与改进之处。笔者认为后续可以从以下方面进行扩展。

第一，补充企业能源行为相关的微观证据。由于缺乏微观企业数据，本书仅利用生产部门的省级数据进行了实证分析。若能补充微观企业层面的证据，则可以更加充分地证明相关结论。

第二，聚焦行业和不同类型的企业。对于不同行业而言，金融市场发展程度、环境规制、能源价格等因素的影响可能存在差异，例如对于工业和第三产业而言能源在其各自成本中的比重差别较大，工业对能源价格的变动可能会比第三产业更为敏感。大型企业和中小型企业的能源行为也可能存在较大差异。本书未能对此提供解答，后续可以在不同行业、类型的企业层面进一步分析。

第三，深入探索居民能源利用效率。截至目前，居民能源利用效率还缺乏规范的评价指标。由于本书的研究重点不在于效率的准确测度，因而仅是延续前人的做法选取了户均、人均能耗作为居民能源利用效率的代理变量，但没有对更为科学准确的居民能源利用效率评价指标体系进行探索。

第四，构建主体能源行为的政策响应模型，进行政策效果模拟和评价。可以在本书对能源消费主体决策机制、行为特点、影响因素的研究结果基础之上，构建能源供需、能效供需函数，用中国的数据进行校准，利用政策响应模型模拟预测不同政策工具的效果，从而提供更为细致、准确的政策评估。

参考文献

一、中文参考文献

[1] 白洋：《促进低碳经济发展的财税政策研究》，中国社会科学院研究生院学位论文，2014年。

[2] 常兴华、张建平、杨国峰、侯嘉："部分省区节能减排工作调研报告"，《宏观经济管理》，2007年第11期，第47～49页。

[3] 陈德敏、张瑞、谭志雄："全要素能源效率与中国经济增长收敛性——基于动态面板数据的实证检验"，《中国人口·资源与环境》，2012年第1期，第130～137页。

[4] 陈丽平：《节能法律法规体系亟待尽快完善》，法制网，2010年12月24日，http：//www.chinagb.net/news/waynews/20101224/73466.shtml。

[5] 陈友新、王敦明：《产品销售艺术》，武汉大学出版社1999年版。

[6] 陈迅、袁海蔚："中国生活能源消费行为影响因素的实证研究"，《消费经济》，2008年第5期，第47～50页。

[7] 程胜：《中国农村能源消费变迁研究——影响因素及制度演进》，中国地质大学出版社2014年版。

[8] 商务部：《德国经济低碳转型的政策环境和主要成就》，2012年7月2日，http：//www.mofcom.gov.cn/aarticle/i/dxfw/jlyd/201207/20120708208500.html。

[9] 仇立:《绿色消费行为研究》,南开大学出版社 2013 年版。

[10] 仇立:"我国城市居民绿色消费行为影响因素研究",《商业经济研究》,2015 年第 10 期,第 23~25 页。

[11] 单豪杰:"中国资本存量 K 的再估算:1952~2006 年",《数量经济技术经济研究》,2008 年第 10 期,第 17~31 页。

[12] 段文斌、余泳泽:"全要素生产率增长有利于提升我国能源效率吗?——基于 35 个工业行业面板数据的实证研究",《产业经济研究》,2011 年第 4 期,第 78~88 页。

[13] 方齐云、陈艳、李卫兵:"居民生活行为对能源消费及 CO_2 排放的影响——来自江西省的数据检验",《江西财经大学学报》,2013 年第 1 期,第 16~23 页。

[14] 付剑超、唐莉、李诗、白瑷峥:"北京城镇居民收入与家庭能源消费关系研究",《山西财经大学学报》,2012 年第 S1 期,第 33~34 页。

[15] 傅晓霞、吴利学:"随机生产前沿方法的发展及其在中国的应用",《南开经济研究》,2006 年第 2 期,第 130~141 页。

[16] 高振宇、王益:"我国生产用能源消费变动的分解分析",《统计研究》,2007 年第 3 期,第 52~57 页。

[17] 高志刚、尤济红:"环境规制强度与中国全要素能源效率研究",《经济社会体制比较》,2015 年第 6 期,第 111~123 页。

[18] 呙小明:《基于产业层次的中国能源效率研究》,重庆大学,2012 年。

[19] 呙小明、张宗益、康继军:"我国农业机械化进程中

能源效率的影响因素研究",《软科学》,2012年第3期,第51~56页。

[20] 郭琪:《公众节能行为的经济分析及政策引导研究》,经济科学出版社2008年版。

[21] 郭永玉:"马斯洛晚年的超越性人格理论的形成与影响",《华东师范大学学报(教育科学版)》,2002年第2期,第53~58页。

[22] 韩智勇、魏一鸣、范英:"中国能源强度与经济结构变化特征研究",《数理统计与管理》,2004年第1期,第1~6页。

[23] 韩智勇、魏一鸣、焦建玲、范英、张九天:"中国能源消费与经济增长的协整性与因果关系分析",《系统工程》,2004年第12期,第17~21页。

[24] 胡日东:"我国绿色消费的现状、问题及对策",《福州党校学报》,2004年第2期,第56~59页。

[25] 黄鑫、陶小马:"欧美国家节能政策演变趋势及对中国的启示",《经济纵横》,2008年第9期,第98~100页。

[26] 姜彩芬:"面子与消费——基于结构方程模型的实证分析",《广州大学学报(社会科学版)》,2009年第10期,第55~60页。

[27] 姜欣博:《我国促进低碳经济发展的财税政策研究》,吉林财经大学,2014年。

[28] 兰家彬、金从书、龚义华:"随州市中小企业节能减排现状调查",《武汉金融》,2008年第6期,第69~70页。

[29] 黎建新、詹志方:"消费者绿色购买研究述评与展望",《消费经济》,2007年第3期,第93~97页。

[30] 李博、李清彬:"中国人均能源消费水平地区差距的

发展与解释——基于 Shapley 值分解方法",《资源科学》,2013年第 6 期,第 1194~1201 页。

[31] 李广海、陈通:"基于有限理性行为决策机理与评价研究",《中国地质大学学报(社会科学版)》,2007 年第 6 期,第 29~32 页。

[32] 李国璋、王双:"区域能源强度变动:基于 GFI 的因素分解分析",《中国人口·资源与环境》,2008 年第 4 期,第 62~66 页。

[33] 李国璋、王双:"中国能源强度变动的区域因素分解分析——基于 LMDI 分解方法",《财经研究》,2008 年第 8 期,第 52~62 页。

[34] 李国璋、王双:"资源约束、技术效率与地区差异——基于中国省际数据的随机前沿模型分析",《经济评论》,2008 年第 4 期,第 14~20 页。

[35] 李辉、钟绵生:"农业机械化对农民农业收入增长的计量研究",《经济研究导刊》,2010 年第 16 期,第 51~52 页。

[36] 李静、饶梅先:"中国工业的环境效率与规制研究",《生态经济》,2011 年第 2 期,第 24~28 页。

[37] 李力、王凤:"中国制造业能源强度因素分解研究",《数量经济技术经济研究》,2008 年第 10 期,第 66~74 页。

[38] 李梦蕴、谢建国、张二震:"中国区域能源效率差异的收敛性分析——基于中国省区面板数据研究",《经济科学》,2014 年第 1 期,第 23~38 页。

[39] 李纾、毕研玲、梁竹苑、孙彦、汪祚军、郑蕊:"无限理性还是有限理性?——齐当别抉择模型在经济行为中的应用",《管理评论》,2009 年第 5 期,第 103~114 页。

[40] 李双杰、范超:"随机前沿分析与数据包络分析方法

的评析与比较",《统计与决策》,2009年第7期,第25~28页。

[41] 李思慧:"产业集聚、人力资本与企业能源效率——以高新技术企业为例",《财贸经济》,2011年第9期,第128~134页。

[42] 李玮:"倒逼机制:企业节能减排中的政府角色探析",《理论学刊》,2011年第3期,第77~80页。

[43] 李玉婷:"国外低碳经济政策研究:进展、争论与评述",《当代经济管理》,2015年第5期,第7~13页。

[44] 林坚:"2000年以来人口城镇化水平变动省际差异分析——基于统计数据的校正和修补",《城市规划》,2010年第3期,第48~56页。

[45] 林永生:"能源价格对经济主体的影响及其传导机制——理论和中国的经验",《北京师范大学学报(社会科学版)》,2008年第1期,第127~133页。

[46] 刘红玫、陶全:"大中型工业企业能源密度下降的动因探析",《统计研究》,2002年第9期,第30~34页。

[47] 刘莉、崔志强、官玥:"企业节能行为研究——以重庆重点用能企业为例",《重庆大学学报(社会科学版)》,2011年第2期,第90~94页。

[48] 刘世俊、尹玉霞:"全球主要国家家电节能政策概览德国节能政策(上)",《电器》,2014年第6期,第72~74页。

[49] 卢志坚、孙元欣:"国外合同能源管理研究及其在中国促进建议",《科技管理研究》,2012年第2期,第38~42页。

[50] 陆莹莹、赵旭:"家庭能源消费研究述评",《水电能源科学》,2008年第1期,第187~191页。

[51] 吕炜、高飞:"城镇化、市民化与城乡收入差距——双重二元结构下市民化措施的比较与选择",《财贸经济》,2013

年第 12 期，第 38~46 页。

[52] 罗光华、牛叔文："气候变化、收入增长和能源消耗之间的关联分析——基于面板数据的省际居民生活能源消耗实证研究"，《干旱区资源与环境》，2012 年第 2 期，第 20~24 页。

[53] 罗子明：《消费者心理学》，清华大学出版社 2007 年版。

[54] 马柱、蒋建业、王洁："市场细分标准的分类与选取"，《市场研究》，2007 年第 10 期，第 48~49 页。

[55] [美] 迈克尔·所罗门著：《消费者行为学（第 6 版）》，卢泰宏译，电子工业出版社 2006 年版。

[56] [美] 韦恩·霍伊尔著："消费者行为学（第 5 版）"，崔楠、徐岚译，北京大学出版社 2011 年版。

[57] 齐绍洲、李锴："区域部门经济增长与能源强度差异收敛分析"，《经济研究》，2010 年第 2 期，第 109~122 页。

[58] 秦翊：《中国居民生活能源消费研究》，山西财经大学，2013 年。

[59] 秦翊、侯莉："我国居民家庭能源消费的人口因素影响分析"，《统计与决策》，2013 年第 19 期，第 98~101 页。

[60] 屈小娥、袁晓玲："中国工业部门能源消费的面板协整分析——基于 10 个高耗能行业的实证分析"，《产业经济研究》，2008 年第 6 期，第 10~15 页。

[61] 屈小娥、袁晓玲："能源消费对中国工业化进程制约作用的实证分析"，《数理统计与管理》，2009 年第 5 期，第 761~767 页。

[62] 师博、张良悦："我国区域能源效率收敛性分析"，《当代财经》，2008 年第 2 期，第 17~21 页。

[63] 施建锁："浙江推广居民峰谷电价的成效"，《电力需

求侧管理》，2006 年第 3 期，第 48~49 页。

[64] 史丹："中国能源效率的地区差异与节能潜力分析"，《工业经济》，2007 年第 1 期，第 57~65 页。

[65] 史丹等：《中国能源利用效率问题研究》，经济管理出版社 2011 年版。

[66] 史丹、李玉婷："北欧四国能源政策体系及借鉴意义"，《人民论坛·学术前沿》，2015 年第 1 期，第 6~21 页。

[67] 史丹：《中国工业发展速度减缓的原因分析》，中国社会科学网，2015 年 10 月 31 日，http：//ex.cssn.cn/jjx/jjx_gd/201510/t20151031_2552626.shtml。

[68] 孙广生："能源效率'缺口'的理论、实据与公共政策——基于文献的一个分析"，《国有经济评论》，2011 年第 9 期，第 125~141 页。

[69] 宋枫、王丽丽："中国能源强度变动趋势及省际差异分析"，《资源科学》，2012 年第 1 期，第 13~19 页。

[70] 宋山梅、于海龙："农业机械化与农业经济增长的实证分析"，《农业经济》，2008 年第 11 期，第 10~11 页。

[71] 宋元梁、肖卫东："中国城镇化发展与农民收入增长关系的动态计量经济分析"，《数量经济技术经济研究》，2005 年第 9 期，第 31~40 页。

[72] 万后芬、杜鹏："组织学习与新产品成功：市场驱动视角"，《经济管理》，2008 年第 Z1 期，第 71~76 页。

[73] 万文玉、赵雪雁、王伟军："中国城市居民生活能源碳排放的时空格局及影响因素分析"，《环境科学学报》，2016 年，第 1~14 页。

[74] 王建明：《公众低碳消费行为影响机制和干预路径整合模型》，中国社会科学出版社 2012 年版。

[75] 王民:"论环境意识的结构",《北京师范大学学报(自然科学版)》,1999年第3期,第423~426页。

[76] 王庆一:"国外促进节能的财税政策",《中国能源》,2006年第1期,第18~20页。

[77] 王姗姗、屈小娥:"基于环境效应的中国制造业全要素能源效率变动研究",《中国人口·资源与环境》,2011年第8期,第130~137页。

[78] 王妍、石敏俊:"城乡投入产出模型的构建及应用",《统计研究》,2009年第2期,第43~49页。

[79] 魏楚、沈满洪:"能源效率及其影响因素:基于DEA的实证分析",《管理世界》,2007年第8期,第66~76页。

[80] 魏楚、沈满洪:"能源效率研究发展及趋势:一个综述",《浙江大学学报(人文社会科学版)》,2009年第3期,第55~63页。

[81] 魏后凯:"中国城镇化进程中两极化倾向与规模格局重构",《中国工业经济》,2014年第3期,第18~30页。

[82] 魏一鸣、廖华:"能源效率的七类测度指标及其测度方法",《中国软科学》,2010年第1期,第128~137页。

[83] 魏一鸣等:《中国能源报告2010:能源效率研究》,科学出版社2010年版。

[84] 夏晓华、史丹、李鹏飞:"中国火力发电企业区域调度的能源效率松弛测度分析",《财贸经济》,2011年第11期,第121~126页。

[85] 邢璐、石磊:"节能减排目标下的企业应对行为研究",《北京大学学报(自然科学版)》,2010年第3期,第465~470页。

[86] 邢璐、邹骥、石磊:"小康社会目标下的居民生活能

源需求预测",《中国人口·资源与环境》,2010 年第 6 期,第 131~135 页。

[87] 徐国伟:"低碳消费行为研究综述",《北京师范大学学报(社会科学版)》,2010 年第 5 期,第 135~140 页。

[88] 杨红亮、史丹:"能效研究方法和中国各地区能源效率的比较",《经济理论与经济管理》,2008 年第 3 期,第 12~20 页。

[89] 姚建平:"论家庭能源消费行为研究",《能源研究与利用》,2009 年第 4 期,第 7~12 页。

[90] 姚鹏、万红艳:"我国电解铝能源效率测度及空间差异分析",《工业技术经济》,2012 年第 9 期,第 72~79 页。

[91] 姚寿福:"四川城镇化与农民收入关系的协整分析",《经济问题》,2012 年第 7 期,第 83~87 页。

[92] [英]朱迪·丽丝著:《自然资源:分配、经济学与政策》,蔡运龙等译,商务印书馆出版社 2002 年版。

[93] 袁家海、胡兆光:《中国"十一五"能源强度目标——政策演化与进展评估》,中国电机工程学会动能经济专业委员会清洁能源与低碳发展学术研讨会,长春,2010 年。

[94] 岳婷:《城市居民节能行为影响因素及引导政策研究》,中国矿业大学,2014 年。

[95] 岳婷、龙如银:"我国居民生活能源消费量的影响因素分析",《华东经济管理》,2013 年第 11 期,第 57~61 页。

[96] 负晓哲、赵志耘编:《消费者行为学》,社会科学文献出版社 2011 年版。

[97] 臧旭恒、孙文祥:"城乡居民消费结构:基于 ELES 模型和 AIDS 模型的比较分析",《山东大学学报(哲学社会科学版)》,2003 年第 6 期,第 122~126 页。

[98] 张欢、成金华:"中国能源价格变动与居民消费水平的动态效应——基于 VAR 模型和 SVAR 模型的检验",《资源科学》,2011 年第 5 期,第 806~813 页。

[99] 张敏:"从家庭耐用品的变迁看居民消费水平的提高",《消费经济》,1995 年第 3 期,第 38~39 页。

[100] 张培清:"利润最大化:企业财务管理的合理目标",《财经科学》,2000 年第 2 期,第 92~96 页。

[101] 张通:"英国政府推行节能减排的主要特点及其对我国的启示",《经济研究参考》,2008 年第 7 期,第 2~8 页。

[102] 赵藜、田澎、李相勇:"消费者两阶段选择行为模型研究",《上海管理科学》,2012 年第 5 期,第 19~24 页。

[103] 赵晓丽、赵越:"企业节能行为国内外对比研究",《华北电力大学学报(社会科学版)》,2012 年第 1 期,第 15~23 页。

[104] 景春梅:"能源消费畸形遗患经济生态环境",《上海证券报》,2014 年。

[105] 周冲:《美国能源安全战略及中国对其的借鉴》,中国海洋大学,2013 年。

[106] 周宏春:"对我国节能减排指标的经济学分析",《理论前沿》,2007 年第 16 期,第 16~20 页。

[107] 周慧、张莹杰:"居民家庭节能投资中的能源效率缺口",《中国人口·资源与环境》,2015 年第 4 期,第 132~140 页。

[108] 周一星、田帅:"以'五普'数据为基础对我国分省城市化水平数据修补",《统计研究》,2006 年第 1 期,第 62~65 页。

[109] 周英男:《工业企业节能政策工具选择研究》,大连

理工大学, 2008 年。

[110] 周勇、李廉水:"基于 AWD 的我国能源强度变化因素分析",《煤炭经济研究》, 2006 年第 5 期, 第 39~43 页。

[111] 周勇、李廉水:"中国能源强度变化的结构与效率因素贡献——基于 AWD 的实证分析",《产业经济研究》, 2006 年第 4 期, 第 68~74 页。

[112] 朱成章:"我国阶梯电价的路径选择",《中国电力企业管理》, 2010 年第 1 期, 第 36~39 页。

[113] 朱汝泓:《合同能源管理模式的实践研究》, 南昌大学, 2015 年。

[114] 邹艳芬:《中国能源利用效率——统计测度研究》, 社会科学文献出版社 2012 年版。

[115] 邹艳芬:"中国能源利用效率测度的国际对比研究",《资源科学》, 2013 年第 11 期, 第 2131~2141 页。

[116] 邹艳芬:"能源消费波动特征分析——基于门限分位点回归模型",《北京理工大学学报(社会科学版)》, 2014 年第 3 期, 第 38~42 页。

二、英文参考文献

[1] Abrahamse W. & Steg L., 2009, "How Do Socio – Demographic and Psychological Factors Relate to Households' Direct and Indirect Energy Use and Savings?", *Journal of Economic Psychology*, 30 (5), p. 711~720.

[2] Abrahamse W., Steg L., Vlek C., Rothengatter T., 2005, "A Review of Intervention Studies Aimed at Household Energy Conservation", *Journal of Environmental Psychology*, 25 (3), p. 273~291.

[3] Ajzen I., 1991, "The Theory of Planned Behavior",

Organizational Behavior and Human Decision Processes, 50 (2), p. 179 ~ 211.

[4] Allcott H. & Greenstone M. , 2012, "Is there an Energy Efficiency Gap?", *The Journal of Economic Perspectives*, 26 (1), p. 3 ~ 28.

[5] Amecke H. , 2012, "The Impact of Energy Performance Certificates: A Survey of German Home Owners", *Energy Policy*, 46, p. 4 ~ 14.

[6] Anderson B. & Di Maria C. , 2011, "Abatement and Allocation in the Pilot Phase of the EU ETS", *Environmental and Resource Economics*, 48 (1), p. 83 ~ 103.

[7] Anderson S. T. & Newell R. G. , 2004, "Information Programs for Technology Adoption: The Case of Energy – Efficiency Audits", *Resource and Energy Economics*, 26 (1), p. 27 ~ 50.

[8] Anker – Nilssen P. , 2003, "Household Energy Use and the Environment—a Conflicting Issue", *Applied Energy*, 76 (1), p. 189 ~ 196.

[9] Aune M. , 2007, "Energy Comes Home", *Energy Policy*, 35 (11), p. 5457 ~ 5465.

[10] Backlund S. , Thollander P. , Palm J. , Ottosson M. , 2012, "Extending the Energy Efficiency Gap", *Energy Policy*, 51, p. 392 ~ 396.

[11] Bamberg S. & Schmidt P. , 2003, "Incentives, Morality, Or Habit? Predicting Students' Car Use for University Routes with the Models of Ajzen, Schwartz, and Triandis", *Environment and Behavior*, 35 (2), p. 264 ~ 285.

[12] Battese G. & Coelli T. , 1995, "A Model for Technical

Inefficiency Effects in a Stochastic Frontier Production Function for Panel Data", *Empirical Economics*, 20 (2), p. 325~332.

[13] Berkhout P. H., Ferrer-i-Carbonell A., Muskens J. C., 2004, "The Ex Post Impact of an Energy Tax On Household Energy Demand", *Energy Economics*, 26 (3), p. 297~317.

[14] Bertoldi P., Labanca N., Rezessy S., Steuwer S., Oikonomou V., 2013, "Where to Place the Saving Obligation: Energy End-Users Or Suppliers?", *Energy Policy*, 63 (0), p. 328~337.

[15] Bin S. & Dowlatabadi H., 2005, "Consumer Lifestyle Approach to US Energy Use and the Related CO_2 Emissions", *Energy Policy*, 33 (2), p. 197~208.

[16] Böcher M., 2012, "A Theoretical Framework for Explaining the Choice of Instruments in Environmental Policy", *Forest Policy and Economics*, 16, p. 14~22.

[17] Borenstein S., 2012, "The Redistributional Impact of Nonlinear Electricity Pricing", *American Economic Journal: Economic Policy*, 4 (3), p. 56~90.

[18] Bosseboeuf D., Chateau B., Lapillonne B., 1997, "Cross-Country Comparison On Energy Efficiency Indicators: The On-Going European Effort Towards a Common Methodology", *Energy Policy*, 25 (7), p. 673~682.

[19] Boyd G. A., 2008, "Estimating Plant Level Energy Efficiency with a Stochastic Frontier", *The Energy Journal*, p. 23~43.

[20] Brenčič V. & Young D., 2009, "Time-Saving Innovations, Time Allocation, and Energy Use: Evidence From Canadian Households", *Ecological Economics*, 68 (11), p. 2859~2867.

[21] Brown M. A. , 2001, "Market Failures and Barriers as a Basis for Clean Energy Policies", *Energy Policy*, 29 (14), p. 1197 ~ 1207.

[22] Buenstorf G. & Cordes C. , 2008, "Can Sustainable Consumption be Learned? A Model of Cultural Evolution", *Ecological Economics*, 67 (4), p. 646 ~ 657.

[23] Bukarica V. & Robić S. , 2013, "Implementing Energy Efficiency Policy in Croatia: Stakeholder Interactions for Closing the Gap", *Energy Policy*, 61, p. 414 ~ 422.

[24] Bunse K. , Vodicka M. , Schoensleben P. , Bruelhart M. , Ernst F. O. , 2011, "Integrating Energy Efficiency Performance in Production Management – Gap Analysis Between Industrial Needs and Scientific Literature", *Journal of Cleaner Production*, 19 (6 ~ 7), p. 667 ~ 679.

[25] Chai K. & Yeo C. , 2012, "Overcoming Energy Efficiency Barriers through Systems Approach—a Conceptual Framework", *Energy Policy*, 46, p. 460 ~ 472.

[26] Chan R. Y. , 2001, "Determinants of Chinese Consumers' Green Purchase Behavior", *Psychology & Marketing*, 18 (4), p. 389 ~ 413.

[27] Coad A. , De Haan P. , Woersdorfer J. S. , 2009, "Consumer Support for Environmental Policies: An Application to Purchases of Green Cars", *Ecological Economics*, 68 (7), p. 2078 ~ 2086.

[28] Crosbie T. , 2006, "Household Energy Studies: The Gap Between Theory and Method", *Energy & Environment*, 17 (5), p. 735 ~ 753.

[29] Croucher M. , 2011, "Potential Problems and Limitations

of Energy Conservation and Energy Efficiency", *Energy Policy*, 39 (10), p. 5795~5799.

[30] DeCanio S. J., 1998, "The Efficiency Paradox: Bureaucratic and Organizational Barriers to Profitable Energy – Saving Investments", *Energy Policy*, 26 (5), p. 441~454.

[31] DeCanio, S. J., & Watkins, W. E., 1998. "Investment in energy efficiency: do the characteristics of firms matter?". *Review of economics and statistics*, 80 (1), p. 95–107.

[32] De Groot H. L., Verhoef E. T., Nijkamp P., 2001, "Energy Saving by Firms: Decision – Making, Barriers and Policies", *Energy Economics*, 23 (6), p. 717~740.

[33] Dietz T., 2010, "Narrowing the US Energy Efficiency Gap", *Proceedings of the National Academy of Sciences of the United States of America*, 107 (37), p. 16007~16008.

[34] Dijksterhuis A., Smith P. K., Van Baaren R. B., Wigboldus D. H., 2005, "The Unconscious Consumer: Effects of Environment On Consumer Behavior", *Journal of Consumer Psychology*, 15 (3), p. 193~202.

[35] Egmond C., Jonkers R., Kok G., 2005, "A Strategy to Encourage Housing Associations to Invest in Energy Conservation", *Energy Policy*, 33 (18), p. 2374~2384.

[36] Elsland R., Divrak C., Fleiter T., Wietschel M., 2014, "Turkey'S Strategic Energy Efficiency Plan – an Ex Ante Impact Assessment of the Residential Sector", *Energy Policy*, 70, p. 14~29.

[37] Eyre N., 1997, "Barriers to Energy Efficiency: More than Just Market Failure", *Energy and Environment*, 8 (1), p. 25~43.

[38] Eyre N. , 1997, "External Costs: What Do they Mean for Energy Policy?", *Energy Policy*, 25 (1), p. 85~95.

[39] Feng D. , Sovacool B. K. , Vu K. M. , 2010, "The Barriers to Energy Efficiency in China: Assessing Household Electricity Savings and Consumer Behavior in Liaoning Province", *Energy Policy*, 38 (2), p. 1202~1209.

[40] Filippini M. & Hunt L. C. , 2012, "US Residential Energy Demand and Energy Efficiency: A Stochastic Demand Frontier Approach", *Energy Economics*, 34 (5), p. 1484~1491.

[41] Filippini M. , Hunt L. C. , Zorić J. , 2014, "Impact of Energy Policy Instruments On the Estimated Level of Underlying Energy Efficiency in the EU Residential Sector", *Energy Policy*.

[42] Fischer C. , 2008, "Feedback On Household Electricity Consumption: A Tool for Saving Energy?", *Energy Efficiency*, 1 (1), p. 79~104.

[43] Fraunhofer ISI, 2009, "Energy Efficiency trends and policies in Germany", www. odyssee-indicators. org/publications.

[44] Gadenne D. , Sharma B. , Kerr D. , Smith T. , 2011, "The Influence of Consumers' Environmental Beliefs and Attitudes On Energy Saving Behaviours", *Energy Policy*, 39 (12), p. 7684~7694.

[45] Gillingham K. , Newell R. G. , Palmer K. , 2009, "Energy Efficiency Economics and Policy", *National Bureau of Economic Research*.

[46] Goldblatt D. L. , Hartmann C. , Dürrenberger G. , 2005, "Combining Interviewing and Modeling for End-User Energy Conservation", *Energy Policy*, 33 (2), p. 257~271.

[47] Golove W. H. & Eto J. H. , 1996, "Market Barriers to

Energy Efficiency: A Critical Reappraisal of the Rationale for Public Policies to Promote Energy Efficiency", *LBL -38059. Berkeley, CA: Lawrence Berkeley National Laboratory.*

[48] Gram - Hanssen K. , 2011, "Understanding Change and Continuity in Residential Energy Consumption", *Journal of Consumer Culture*, 11 (1), p. 61 ~78.

[49] Green L. J. & Kreuter M. W. , 1999, "The Precede - Proceed Model", *Health Promotion Planning: An Educational Approach. 3Rd Ed. Mountain View (CA): Mayfield Publishing Company*, p. 32 ~43.

[50] Grösche P. , 2009, "Measuring Residential Energy Efficiency Improvements with DEA", *Journal of Productivity Analysis*, 31 (2), p. 87 ~94.

[51] Guagnano G. A. , Stern P. C. , Dietz T. , 1995, "Influences On Attitude - Behavior Relationships a Natural Experiment with Curbside Recycling", *Environment and Behavior*, 27 (5), p. 699 ~ 718.

[52] Haas R. , 1997, "Energy Efficiency Indicators in the Residential Sector: What Do we Know and What Has to be Ensured?", *Energy Policy*, 25 (7 -9), p. 789 ~802.

[53] Harrington W. & Morgenstern R. D. , 2007, "Economic Incentives Versus Command and Control: What's the Best Approach for Solving Environmental Problems?" Springer, p. 233 ~240.

[54] Hirst E. & Brown M. , 1990, "Closing the Efficiency Gap: Barriers to the Efficient Use of Energy", *Resources, Conservation and Recycling*, 3 (4), p. 267 ~281.

[55] Hoicka C. E. , Parker P. , Andrey J. , 2014, "Residen-

tial Energy Efficiency Retrofits: How Program Design Affects Participation and Outcomes", *Energy Policy*, 65, p. 594~607.

[56] Howarth R. B. & Andersson B., 1993, "Market Barriers to Energy Efficiency", *Energy Economics*, 15 (4), p. 262~272.

[57] Humphreys M. A., 1995, "Thermal Comfort Temperatures and the Habits of Hobbits", *Standards for Thermal Comfort: Indoor Air Temperature Standards for the 21st Century*, p. 3~13.

[58] Ito K., 2012, "Do Consumers Respond to Marginal Or Average Price? Evidence From Nonlinear Electricity Pricing", *American Economic Review*, 104 (2), p. 537~563.

[59] Jackson T., 2005, "Motivating Sustainable Consumption", *Sustainable Development Research Network*, 29, p. 30.

[60] Jackson J., 2010, "Promoting Energy Efficiency Investments with Risk Management Decision Tools", *Energy Policy*, 38 (8), p. 3865~3873.

[61] Jaffe A. B. & Stavins R. N., 1994, "The Energy – Efficiency Gap What Does It Mean?", *Energy Policy*, 22 (10), p. 804~810.

[62] Jaffe A. B., Newell R. G., Stavins R. N., 2004, "Economics of Energy Efficiency", *Encyclopedia of Energy*, 2, p. 79~90.

[63] Keirstead J., 2006, "Evaluating the Applicability of Integrated Domestic Energy Consumption Frameworks in the UK", *Energy Policy*, 34 (17), p. 3065~3077.

[64] Koirala B., Bohara A., Berrens R., 2014, "Estimating the Net Implicit Price of Energy Efficient Building Codes On U. S. Households", *Energy Policy*, 73 (C), p. 667~675.

[65] Kounetas K. & Tsekouras K., 2010, "Are the Energy

Efficiency Technologies Efficient?", *Economic Modelling*, 27 (1), p. 274~283.

[66] Kounetas K. , Skuras D. , Tsekouras K. , 2011, "Promoting Energy Efficiency Policies Over the Information Barrier", *Information Economics and Policy*, 23 (1), p. 72~84.

[67] Lenzen M. , Wier M. , Cohen C. , Hayami H. , Pachauri S. , Schaeffer R. , 2006, "A Comparative Multivariate Analysis of Household Energy Requirements in Australia, Brazil, Denmark, India and Japan", *Energy*, 31 (2), p. 181~207.

[68] Levine M. D. , Koomey J. G. , McMahon J. E. , Sanstad A. H. , Hirst E. , 1995, "Energy Efficiency Policy and Market Failures", *Annual Review of Energy and the Environment*, 20 (1), p. 535~555.

[69] Levinson A. , 2014, "California Energy Efficiency: Lessons for the Rest of the World, Or Not?", *Journal of Economic Behavior & Organization*, 107, p. 269~289.

[70] Liebman, J. B. , Zeckhauser R. , 2004, "Schmeduling", Harvard University, Link: www. hks. harvard. edu. /jeffreyliebman/schmeduling. pdf.

[71] Lindén A. , Carlsson – Kanyama A. , Eriksson B. , 2006, "Efficient and Inefficient Aspects of Residential Energy Behaviour: What are the Policy Instruments for Change?", *Energy Policy*, 34 (14), p. 1918~1927.

[72] Loureiro M. L. & Umberger W. J. , 2003, "Estimating Consumer Willingness to Pay for Country – Of – Origin Labeling", *Journal of Agricultural and Resource Economics*, p. 287~301.

[73] Ma C. , 2014, "A Multi – Fuel, Multi – Sector and Multi –

Region Approach to Index Decomposition: An Application to China's Energy Consumption 1995 - 2010", *Energy Economics*, 42, p. 9 ~ 16.

[74] Maréchal K., 2009, "An Evolutionary Perspective On the Economics of Energy Consumption: The Crucial Role of Habits", *Journal of Economic Issues*, 43 (1), p. 69 ~ 88.

[75] Martin R., Muûls M., Wagner U., 2012, "An Evidence Review of the EU Emissions Trading System, Focussing On Effectiveness of the System in Driving Industrial Abatement", *Department of Eenrgy and Climate Change*.

[76] Martinsen T., 2011, "Introducing Technology Learning for Energy Technologies in a National CGE Model through Soft Links to Global and National Energy Models", *Energy Policy*, 39 (6), p. 3327 ~ 3336.

[77] Martiskainen M. & Coburn J., 2011, "The Role of Information and Communication Technologies (ICTs) in Household Energy Consumption—Prospects for the UK", *Energy Efficiency*, 4 (2), p. 209 ~ 221.

[78] Müller L. & Berker T., 2013, "Passive House at the Crossroads: The Past and the Present of a Voluntary Standard that Managed to Bridge the Energy Efficiency Gap", *Energy Policy*, 60, p. 586 ~ 593.

[79] Murphy R. & Jaccard M., 2011, "Energy Efficiency and the Cost of GHG Abatement: A Comparison of Bottom - Up and Hybrid Models for the US", *Energy Policy*, 39 (11), p. 7146 ~ 7155.

[80] Nagesha N. & Balachandra P., 2006, "Barriers to Energy Efficiency in Small Industry Clusters: Multi - Criteria - Based Pri-

oritization Using the Analytic Hierarchy Process", *Energy*, 31 (12), p. 1969 ~ 1983.

［81］Nagesha N. , Balachandra P. , Bala Subrahmanya M. H. , 2006, "Energy, Environment and Sustainable Development: An Empirical Study of Drivers Influencing Industrial Energy Efficiency".

［82］Nyborg K. , Howarth R. B. , Brekke K. A. , 2006, "Green Consumers and Public Policy: On Socially Contingent Moral Motivation", *Resource and Energy Economics*, 28 (4), p. 351 ~ 366.

［83］OECD, 2007, "OECD environmental data compendium 2006/2007".

［84］Oikonomou V. , Becchis F. , Steg L. , Russolillo D. , 2009, "Energy Saving and Energy Efficiency Concepts for Policy Making", *Energy Policy*, 37 (11), p. 4787 ~ 4796.

［85］Ouyang J. , Ge J. , Hokao K. , 2009, "Economic Analysis of Energy – Saving Renovation Measures for Urban Existing Residential Buildings in China Based On Thermal Simulation and Site Investigation", *Energy Policy*, 37 (1), p. 140 ~ 149.

［86］Palm J. & Thollander P. , 2010, "An Interdisciplinary Perspective On Industrial Energy Efficiency", *Applied Energy*, 87 (10), p. 3255 ~ 3261.

［87］Palmer K. , Walls M. , Gordon H. , Gerarden T. , 2013, "Assessing the Energy – Efficiency Information Gap: Results From a Survey of Home Energy Auditors", *Energy Efficiency*, 6 (2), p. 271 ~ 292.

［88］Panzone L. A. , 2013, "Saving Money Vs Investing Money: Do Energy Ratings Influence Consumer Demand for Energy Efficient Goods?", *Energy Economics*, 38, p. 51 ~ 63.

［89］Parag Y. & Darby S. , 2009, "Consumer – Supplier –

Government Triangular Relations: Rethinking the UK Policy Path for Carbon Emissions Reduction From the UK Residential Sector", *Energy Policy*, 37 (10), p. 3984 ~ 3992.

［90］Parker D. S., 2003, "Research Highlights From a Large Scale Residential Monitoring Study in a Hot Climate", *Energy and Buildings*, 35 (9), p. 863 ~ 876.

［91］Patterson M. G., 1996, "What is Energy Efficiency?: Concepts, Indicators and Methodological Issues", *Energy Policy*, 24 (5), p. 377 ~ 390.

［92］Pedersen E. R. & Neergaard P., 2006, "Caveat Emptor – Let the Buyer Beware! Environmental Labelling and the Limitations of 'Green' Consumerism", *Business Strategy and the Environment*, 15 (1), p. 15 ~ 29.

［93］Pelenur M. J. & Cruickshank H. J., 2012, "Closing the Energy Efficiency Gap: A Study Linking Demographics with Barriers to Adopting Energy Efficiency Measures in the Home", *Energy*, 47 (1), p. 348 ~ 357.

［94］Per G. & Jenny P., 2009, "Influencing Households' Energy Behaviour—How is this Done and On What Premises?", *Energy Policy*, 37 (7), p. 2807 ~ 2813.

［95］Poortinga W. & Pidgeon N., 2003, "Exploring the Dimensionality of Trust in Risk Regulation", *Risk Analysis*, 23 (5), p. 961 ~ 972.

［96］Reiss P. & White M., 2006, "Evaluating Welfare with Nonlinear Prices".

［97］Robinson J. B., 1991, "The Proof of the Pudding: Making Energy Efficiency Work", *Energy Policy*, 19 (7), p. 631 ~ 645.

[98] Rogge K. S. & Hoffmann V. H. , 2010, "The Impact of the EU ETS On the Sectoral Innovation System for Power Generation Technologies – Findings for Germany", *Energy Policy*, 38 (12), p. 7639 ~ 7652.

[99] Rohdin P. & Thollander P. , 2006, "Barriers to and Driving Forces for Energy Efficiency in the Non – Energy Intensive Manufacturing Industry in Sweden", *Energy*, 31 (12), p. 1836 ~ 1844.

[100] Rohdin P. , Thollander P. , Solding P. , 2007, "Barriers to and Drivers for Energy Efficiency in the Swedish Foundry Industry", *Energy Policy*, 35 (1), p. 672 ~ 677.

[101] Sardianou E. , 2005, "Household Energy Conservation Patterns: Evidence From Greece", p. 1 ~ 26.

[102] Saunders P. , 2006, *Urban Politics: A Sociological Interpretation*. Routledge.

[103] Schleich J. , 2009, "Barriers to Energy Efficiency: A Comparison Across the German Commercial and Services Sector", *Ecological Economics*, 68 (7), p. 2150 ~ 2159.

[104] Shove E. , 2003, "Converging Conventions of Comfort, Cleanliness and Convenience", *Journal of Consumer Policy*, 26 (4), p. 395 ~ 418.

[105] Sorrell S. , 2004, *The Economics of Energy Efficiency: Barriers to Cost – Effective Investment*, Edward Elgar Publishing.

[106] Sorrell S. , Schleich J. , Scott S. , O Malley E. , Trace F. , Boede E. , Ostertag K. , Radgen P. , 2000, "Reducing Barriers to Energy Efficiency in Public and Private Organizations", *Retrieved October*, 8, p. 2007.

[107] Steg L. , 2008, "Promoting Household Energy Conserva-

tion", *Energy Policy*, 36 (12), p. 4449 ~ 4453.

[108] Steg L. , Dreijerink L. , Abrahamse W. , 2005, "Factors Influencing the Acceptability of Energy Policies: A Test of VBN Theory", *Journal of Environmental Psychology*, 25 (4), p. 415 ~ 425.

[109] Stephenson J. , Barton B. , Carrington G. , Gnoth D. , Lawson R. , Thorsnes P. , 2010, "Energy Cultures: A Framework for Understanding Energy Behaviours", *Energy Policy*, 38 (10), p. 6120 ~ 6129.

[110] Stern P. C. , Dietz T. , Abel T. D. , Guagnano G. A. , Kalof L. , 1999, "A Value – Belief – Norm Theory of Support for Social Movements: The Case of Environmentalism", *Human Ecology Review*, 6 (2), p. 81.

[111] Thollander P. & Dotzauer E. , 2010, "An Energy Efficiency Program for Swedish Industrial Small – and Medium – Sized Enterprises", *Journal of Cleaner Production*, 18 (13), p. 1339 ~ 1346.

[112] Thollander P. & Ottosson M. , 2008, "An Energy Efficient Swedish Pulp and Paper Industry—Exploring Barriers to and Driving Forces for Cost-Effective Energy Efficiency Investments", *Energy Efficiency*, 1 (1), p. 21 ~ 34.

[113] Thomas B. A. & Azevedo I. L. , 2014, "Should Policy – Makers Allocate Funding to Vehicle Electrification Or End – Use Energy Efficiency as a Strategy for Climate Change Mitigation and Energy Reductions? Rethinking Electric Utilities Efficiency Programs", *Energy Policy*, 67 (0), p. 28 ~ 36.

[114] Triandis H. C. , 1977, *Interpersonal Behavior*. Brooks/Cole Publishing Company Monterey, CA.

[115] UNEP, 2006, Barriers to Energy Efficieny in Industry in

Asia. United Nations Environment Program.

[116] Utley J. I. & Shorrock L. D., 2008, "Domestic Energy Fact File 2008", *BRE, EST and DECC*.

[117] Van Engelenburg B., Van Rossum T., Blok K., Vringer K., 1994, "Calculating the Energy Requirments of Household Purchases: A Practical Step by Step Method", *Energy Policy*, 22 (8), p. 648~656.

[118] Vringer K., Aalbers T., Blok K., 2007, "Household Energy Requirement and Value Patterns", *Energy Policy*, 35 (1), p. 553~566.

[119] Wallenborn G., Orsini M., Vanhaverbeke J., 2011, "Household Appropriation of Electricity Monitors", *International Journal of Consumer Studies*, 35, p. 146~152.

[120] Wang G., Wang Y., Zhao T., 2008, "Analysis of Interactions Among the Barriers to Energy Saving in China", *Energy Policy*, 36 (6), p. 1879~1889.

[121] Wang Z., Zhang B., Yin J., Zhang Y., 2011, "Determinants and Policy Implications for Household Electricity – Saving Behaviour: Evidence From Beijing, China", *Energy Policy*, 39 (6), p. 3550~3557.

[122] Weber C. & Perrels A., 2000, "Modelling Lifestyle Effects On Energy Demand and Related Emissions", *Energy Policy*, 28 (8), p. 549~566.

[123] Weber L., 1997, "Some Reflections On Barriers to the Efficient Use of Energy", *Energy Policy*, 25 (10), p. 833~835.

[124] Whitmarsh L., Seyfang G., Oneill S., 2011, "Public Engagement with Carbon and Climate Change: To What Extent is the

Public 'Carbon Capable'?", *Global Environmental Change – Human and Policy Dimensions*, 21 (1), p. 56 ~65.

[125] Wilson C. & Dowlatabadi H., 2007, "Models of Decision Making and Residential Energy Use", *Annual Review of Environment and Resources*, 32 (1), p. 169.

[126] Wood G. & Newborough M., 2003, "Dynamic Energy – Consumption Indicators for Domestic Appliances: Environment, Behaviour and Design", *Energy and Buildings*, 35 (8), p. 821 ~841.

[127] Wooldridge J., 2013, "Correlated Random Effects Panel Data Models".

[128] Yang Y., Li B., Yao R., 2010, "A Method of Identifying and Weighting Indicators of Energy Efficiency Assessment in Chinese Residential Buildings", *Energy Policy*, 38 (12), p. 7687 ~7697.

[129] Zhang Q., 2004, "Residential Energy Consumption in China and its Comparison with Japan, Canada, and USA", *Energy and Buildings*.

[130] Zhang T., Siebers P., Aickelin U., 2012, "A Three – Dimensional Model of Residential Energy Consumer Archetypes for Local Energy Policy Design in the UK", *Energy Policy*, 47, p. 102 ~110.

[131] Zhou, P., Ang, B. W., & Zhou, D. Q., 2012. "Measuring economy – wide energy efficiency performance: a parametric frontier approach". *Applied Energy*, 90 (1), p. 196 – 200.